DELOCALIZZARE CONVIENE?

Mariarosaria Caicco

HOW2

EDIZIONI

Indice

INTRODUZIONE

L'innovazione tecnologica ha portato negli ultimi anni a ripensare il concetto di globalizzazione, consentendo alle aziende di cavalcare l'onda e sfruttare tutto quello che si è creato in questo arco di tempo. Oltre a questa evoluzione, ha inciso sulle strategie aziendali a livello internazionale la recente crisi economica che dal 2007 ha colpito la maggior parte delle economie avanzate di tutto il mondo. Per affrontare la crisi e per essere competitivi a livello internazionale le aziende hanno cominciato a ripensare i propri confini aziendali, provando a spostare la propria produzione dalla casa madre a paesi vicini, o in certi casi, dal continente europeo a quello asiatico.

Questa necessità di spostamento definito con molteplici termini come *outsourcing*, delocalizzazione produttiva e internazionalizzazione, è nata dalla volontà di migliorare la *performance* delle prestazioni aziendali, recuperare efficienza nelle attività a maggior valore aggiunto e rendere più flessibile la struttura dei costi aziendali al fine di diminuire il rischio operativo.

Con la delocalizzazione vengono allontanati i processi *no core*, cioè quelli che non apportano all'azienda un forte vantaggio competitivo che la distinguono sul mercato dai suoi concorrenti; concentrandosi solo su ciò che si può ottenere con estrema efficacia impegnando risorse distintive dell'azienda. In questo modo il *management* si concentra sugli obiettivi primari, specializzandosi sul proprio ambito. La delocalizzazione comporta dei vantaggi come l'abbassamento dei costi di produzione, la reperibilità di manodopera a basso costo e la possibilità di attuare un'integrazione verticale del processo produttivo; però ci sono anche dei rischi che si devono affrontare quando si trasferisce la produzione all'estero come l'innalzamento dei costi legati alla logistica e ai trasporti nel paese di origine, possibili rischi dovuti alla stabilità del paese in cui si è delocalizzata la produzione.

Dopo anni trascorsi a ricercare di ridurre il costo della manodopera e delle materie prime ricorrendo alla delocalizzazione è emersa la necessità di attribuire il valore a livello qualitativo al prodotto creato in azienda. In Italia, dove il *Made in Italy* è apprezzato e riconosciuto in tutto il mondo, con la delocalizzazione si è finito per trascurare il *know-how* degli artigiani delle calzature, pelletteria, sartoria, etc., spostando l'attenzione solo alla riduzione dei costi e non considerando il valore aggiunto riconosciuto a un prodotto solo perché fabbricato in Italia da manodopera altamente qualificata. Sorta questa necessità, molte aziende da quattro anni circa hanno cominciato a fare un passo indietro, riportando in patria tutta o in parte quella produzione che, negli anni precedenti, era stata trasferita in est Europa o in Asia.

Il fenomeno del *back-reshoring* è stato introdotto negli Stati Uniti, dove tuttora è maggiormente diffuso, infatti anche nella campagna elettorale del Presidente degli Stati Uniti Obama è stato uno dei temi centrali per consentire alle aziende di creare nuovi posti di lavoro e aumentare le loro vendite.
I motivi che stanno spingendo diverse aziende, specialmente quelle del settore dell'abbigliamento di lusso, a riportare la produzione in patria sono principalmente quello dell'incremento dei costi del personale, anche nei paesi in cui era stata trasferita la produzione, dove non risulta ora più conveniente avere degli stabilimenti, considerato il dover sostenere dei costi di personale, a volte nemmeno

specializzato, poco più bassi rispetto al paese di origine e al contempo dovere aggiungere il sostenimento dei costi di trasporto.

Lo scopo di questo libro è anzitutto quello di svolgere un'analisi della delocalizzazione produttiva, partendo dall'esame dei motivi e delle forme che hanno spinto anni fa le aziende a delocalizzare la propria produzione, approfondendo i vantaggi, gli svantaggi della delocalizzazione ai fini strategici e la scelta di *make or buy* in termini contabili. In secondo luogo, obiettivo del libro è approfondire le ragioni e le modalità che sottendono l'attuale fenomeno del *back reshoring*, aspetto ancora in divenire e scarsamente trattato in letteratura, aspetto che sarà trattato anche riportando l'analisi di un caso concreto riferito ad un'azienda italiana che opera nel settore della produzione di macchine per la costruzione stradale che ha dato la disponibilità a illustrare la sua esperienza di delocalizzazione e successivamente *back reshoring*, pur rimanendo anonima a fini di *privacy*.

1. LA DELOCALIZZAZIONE PRODUTTIVA: MOTIVAZIONI, FORME, VANTAGGI, COSTI

1.1. La delocalizzazione: concetti introduttivi

L'internazionalizzazione e l'innovazione tecnologica sono all'origine dei nuovi modelli imprenditoriali che portano vantaggi di carattere innovativo come la velocità nel rispondere ai mutamenti, la flessibilità organizzativa, la ricerca continua delle aspettative dei clienti e la conoscenza delle strategie applicate dai concorrenti situati nelle diverse parti del mondo. L'azienda che opera a livello mondiale e vuole avere successo in ambito competitivo deve essere virtuale, ricorrendo a logiche di delocalizzazione (in inglese *outsourcing*), integrando diverse attività (1) disperse a livello globale, attraverso tecniche di *global supply chian* (2) e, infine raccogliendo competenze su scala mondiale, presso diverse piattaforme e centri internazionali di eccellenza.

Quando si pala di "globalizzazione" di un'azienda si intende riferirsi a quel fenomeno che vede il trasferimento di una serie di attività aziendali in paesi differenti da quelli in cui è presente la sua sede legale. Le ragioni che portano le aziende a delocalizzare sono molteplici e verranno illustrate dettagliatamente nel seguito del capitolo, ma già da qui possiamo anticipare: vantaggi monopolistici derivanti dalla grande dimensione; vantaggi derivati dall'innovazione e dalla diversificazione di prodotto; propensione delle imprese di grande dimensioni a esportare non solo i prodotti ma anche il *Know How* per realizzarli.

La globalizzazione normalmente tocca diversi ambiti dell'economia d'azienda: possibili forme di esternalizzazione riguardano le attività aziendali indirizzate alla scoperta di nuovi mercati di sbocco e di nuove fonti di approvvigionamento, che partono dalle materie prime, passando per l'attività manifatturiera, fino ad arrivare alle attività finanziare dell'azienda. La globalizzazione di un'attività produttiva viene effettuata attraverso processi di delocalizzazione.

L'esternalizzazione riguarda tutti i settori dell'economia e non fa solo riferimento allo spostamento all'esterno di determinate attività produttive, che precedentemente venivano svolte in loco, ma comprende una logica di riorganizzazione aziendale che riguarda le diverse parti delle funzioni aziendali. In questo caso, le diverse funzioni e attività aziendali devono essere analizzate per valutare se esse possono essere oggetto di un'eventuale delocalizzazione che comporta l'aumento dell'efficienza aziendale, rendendo la struttura dei costi più elastica, portando un aumento delle risorse finanziarie e maggiore flessibilità da parte dell'azienda ai cambiamenti aziendali.

Per arrivare alla scelta di delocalizzare, si deve svolgere un'attenta analisi dei partner e delle diverse fasi del processo produttivo e gestionale dell'azienda, decidendo di trattenere all'interno dell'azienda le fasi che si reputa *core,* ovvero necessarie all'attività aziendale, e portare all'esterno le fasi che non hanno alto potere competitivo, ma che si possono migliorare in termini di innovazioni, di qualità e di costo se intraprese da fornitori selezionati.

La delocalizzazione parziale o integrale della produzione può avere diversi obiettivi: il miglioramento del servizio ai mercati locali oppure dell'utilizzo delle risorse locali, materie prime o manodopera non disponibili in patria o in essa disponibili a prezzi più alti. Nella delocalizzazione parziale avviene lo spostamento delle attività all'estero, comportando una realizzazione di prodotti con caratteristiche simili a quelle del paese di origine, riducendo i costi di trasporto e miglioramento dei tempi di consegna ai clienti locali; in questo caso si ha una produzione di tipo orizzontale. Nella delocalizzazione integrale si ha una frammentazione della produzione a monte o a valle, rincorrendo obiettivi di *resource seeking* (investimenti per ottenere manodopera a basso costo), con l'utilizzo di risorse locali per la realizzazione della produzione; oppure per voler raggiungere obiettivi di *knowledge seeking*, utilizzando sempre risorse locali però per raggiungere innovazioni di prodotto o di processo che consentano di migliorare la competitività dell'azienda. (3)

Operativamente, la delocalizzazione internazionale di filiali produttive di aziende italiane in paesi esteri può avvenire intraprendendo strategie d'integrazione con il mercato, stipulando accordi con aziende locali e seguendo strategie a livello internazionale. Tutte e due le tipologie di strategie sono valide per settori caratterizzati da fattori *firm specific,* quei fattori dei quali le aziende entrano in possesso indipendentemente dal vantaggio competitivo, ma che possono accrescerlo se abbinati ai vantaggi di "localizzazione", come la forza lavoro a costi più bassi, l'accesso a materie prime e energia e la conoscenza diretta dei mercati locali.

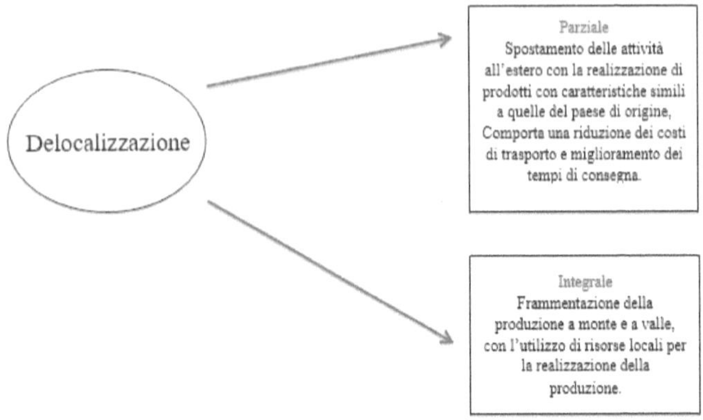

Il processo di delocalizzazione può assumere diverse sfaccettature, sia per quanto riguarda le attività che si decide di trasferire, sia in funzione dell'investimento che l'azienda vuole sostenere per intraprendere una strada a livello internazionale.

Più in generale, l'azienda si può avvicinare ai mercati internazionali attraverso una delocalizzazione per fasi, oppure attraverso la creazione di *network* tra aziende, secondo quella che viene definita anche strategia globale.

Nel primo caso, l'azienda vende all'estero la produzione che rimane totalmente all'interno dei confini nazionali. Questa strategia può essere intrapresa per settori in cui l'offerta consente di mantenere una struttura logistica e i relativi costi di trasporto collegati a vantaggi *country specific,* che si collegano alla produzione nel proprio paese di origine.

1.1.2. Le forme di delocalizzazione produttiva e gli Investimenti diretti all'estero (IDE)

Nel caso di strategia globale, invece, ci si riferisce a diverse strategie d'internalizzazione che includono anche accordi di joint venture, franchising oppure investimenti diretti all'estero (IDE) (4).

Gli accordi di Joint venture riguardano collaborazioni tra due o più imprese, da questa collaborazione scaturisce un nuovo soggetto giuridicamente distinto e indipendente dalle imprese che lo costituiscono. Con la *Joint Venture* le aziende si pongono l'obiettivo di realizzare un progetto comune di natura industriale o commerciale che prevede l'utilizzo congiunto di risorse apportate da ciascun'impresa che entra a far parte dell'accordo, ma anche una ripartizione in egual misura dei rischi legati all'investimento stesso cioè una ripartizione delle possibili perdite o utili. (5)

Con l'accordo di franchising, citando l'*articolo 1 della legge 129/2004* è "un contratto fra due soggetti giuridici economicamente e giuridicamente indipendenti, in base al quale una parte concede la disponibilità all'altra, verso corrispettivo, di un insieme di proprietà industriale o intellettuale relativi a marchi, denominazioni commerciali, insegne, modelli di utilità, disegni, diritti d'autore, know how, brevetti, assistenza o consulenza tecnica e commerciale, inserendo l'affiliato in un sistema costituito da una pluralità di affiliati distribuiti sul territorio, allo scopo di commercializzare determinati beni e servizi (6). L'investimento diretto estero (IDE) s'intende il flusso d'investimenti effettuati dagli operatori in Paesi diversi da quello in cui viene svolta l'attività abituale. Sono definiti

IDE, quegli investimenti che hanno lo scopo di acquisire partecipazioni durevoli (di controllo, di paritarie o minoritarie) in un'impresa estera o alla costituzione di una filiale in un paese estero, che comporti un determinato grado di coinvolgimento dell'investitore nella direzione o nella gestione dell'impresa partecipata o di nuova costituzione.

Rientrano in questa logica anche le acquisizioni di partecipazioni di controllo in società estere già esistenti, che porta alla creazione di gruppi internazionali e multinazionali (7).

Attraverso gli IDE, l'azienda, delocalizza tutte le attività gestionali e produttive per agire in modo diretto nel mercato estero.

Questo investimento se intrapreso da un soggetto residente in un paese ha l'obiettivo di stabilire un interesse durevole, cioè di lungo termine, in un'impresa residente in un altro paese.

1.2. Motivi della delocalizzazione produttiva: risultati di un'indagine

Nel corso degli ultimi anni il processo di espansione e la competizione internazionale delle economie emergenti hanno portato un numero sempre più consistente d'imprese nei paesi industrializzati a trasferire delle proprie attività al di fuori dei confini nazionali, per ottenere diversi benefici, specialmente di carattere economico, tra cui *in primis* la possibilità di godere di una riduzione del costo del lavoro (8).

La decisione di rivolgere attività a basso livello strategico, cosiddette *commodity,* a terzi non è recente (9). Dagli anni sessanta erano diffusi i centri di servizi che offrivano alle piccole e medie imprese diversi servizi come l'elaborazione dei dati per la gestione delle paghe e della contabilità. In questi anni il motivo per cui si ricorreva all'esternalizzazione di tali processi era la riduzione dei costi dovuti alla specializzazione delle attività, per ambiti di attività che erano attività lontane dal *core business* dell'azienda e pertanto la loro esternalizzazione non poteva pregiudicare il vantaggio competitivo della stessa.

Nel corso degli anni, c'è stata un'estensione delle attività sulle quali è stato applicato il processo di esternalizzazione, che ha portato le aziende anche a decentrare attività *non commodity,* ma di carattere strategico. Questa necessità è nata dalla volontà di migliorare la *performance* delle prestazioni aziendali, recuperare efficienza nelle attività a maggior valore aggiunto e rendere più flessibile la struttura dei costi aziendali al fine di diminuire il rischio operativo. Le prime attività ad essere coinvolte nelle operazioni di *outsourcing* sono state quelle di EDP (*Eletronic Data Processing* – elaborazione automatica dei dati) e della logistica. Gli ambiti che sono stati coinvolti nel processo di delocalizzazione sono quelli amministrativo (servizi fiscali, gestione page e stipendi, audit interno), finanziario (gestione rapporti con il mercato e con la Borsa, vendita di partecipazioni), del *marketing* e della gestione risorse umane.

Sono state interessate da processi di *outsourcing* specialmente le aziende appartenenti al settore manifatturiero. Queste ultime, hanno utilizzato il processo di esternalizzazione al fine di risparmiare sui costi su attività più elementari e quindi liberare risorse finanziarie da convogliare in strategie di sviluppo delle attività legate al proprio *core business* (10).

Un'indagine (11) condotta a livello nazionale da Accenture, società di consulenza e servizi di *outsourcing*, su un campione di 180 manager di aziende italiane del settore manifatturiero che hanno svolto un processo di delocalizzazione (45% amministratori delegati, 55% responsabili di funzioni direttamente coinvolte nei processi di outsourcing), mostra che l'esternalizzazione è stata utilizzata e considerata come leva strategica a supporto della crescita da parte del 43% delle aziende del campione considerato, mentre per una minoranza (4%) è stato considero tale processo di breve termine, prevedendo di riportare le attività esternalizzate all'interno dell'azienda.

Le attività che hanno interessato maggiormente i processi di *outsourcing* posti in atto sono le seguenti (Fig. 1): processo informativo (85%), gestione del personale (73%), funzione amministrativo – finanziaria (48%), promozione della relazione con il cliente (43%).

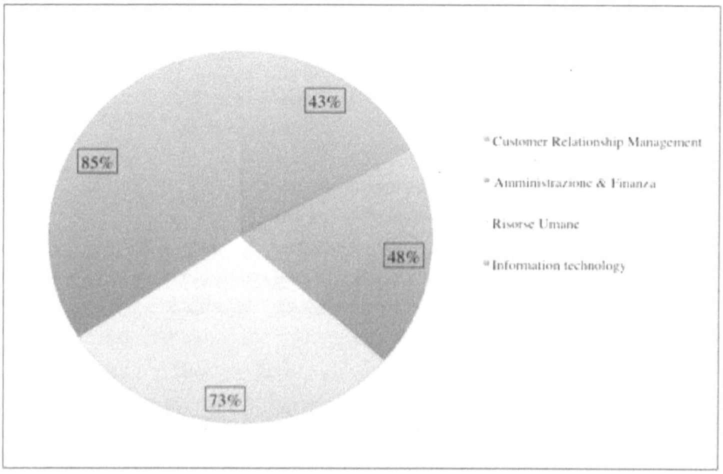

Figura 1 – Le funzioni più esternalizzate dalle aziende Italiane (adattamento).
Fonte: Il sole 24 ore (2008), contenuto in Patore P. Ricciardi A. (2010), *Outsourcing strategico. Tecniche di gestione, criticità, vantaggi competitivi*, Franco Angeli, Milano, pag 120.

Proseguendo con l'indagine, si può evincere che le motivazioni (Fig. 1.1) che hanno portato le aziende del campione alla scelta di esternalizzare determinate attività è stata la volontà di focalizzare meglio le proprie attività interne sul *core business* (82,9% del campione coinvolto) e dal recupero di efficienza che viene sviluppata con la riduzione dei costi operativi (68%), ma anche dall'esigenza di innovare l'attività attraverso la ricerca di nuove tecnologie e di migliorare il servizio da offrire alla propria clientela (45%).

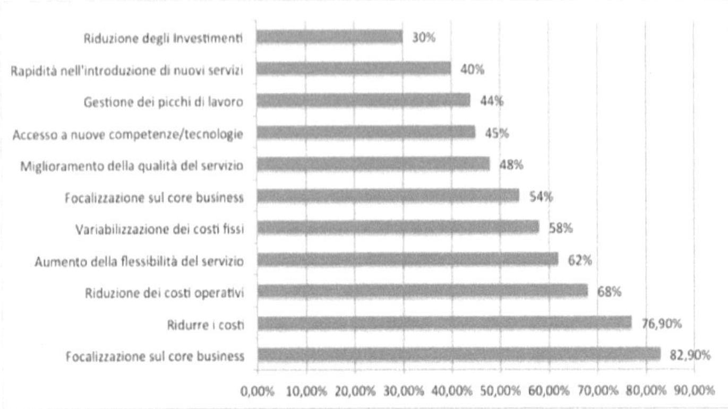

Figura 1.1 – motivazioni dell'Outsourcing per le imprese (adattamento).
Fonte: il sole 24 ore (2008) contenuto in Patore P. Ricciardi A. (2010), *Outsourcing strategico. Tecniche di gestione, criticità, vantaggi competitivi*, Franco Angeli, Milano, pag.121

Viceversa, i motivi espressi dai rispondenti che possono frenare le aziende a procedere all'esternalizzazione (Fig. 1.2) delle attività sono: il timore di perdere il controllo dei servizi oggetto dell'esternalizzazione (53%) e delle competenze chiave (54%), e secondariamente la rigidità del mercato del lavoro italiano, che non rende semplice la ristrutturazione attraverso delocalizzazione che comporti anche un trasferimento del personale nelle filiali estere (36% del campione considerato).

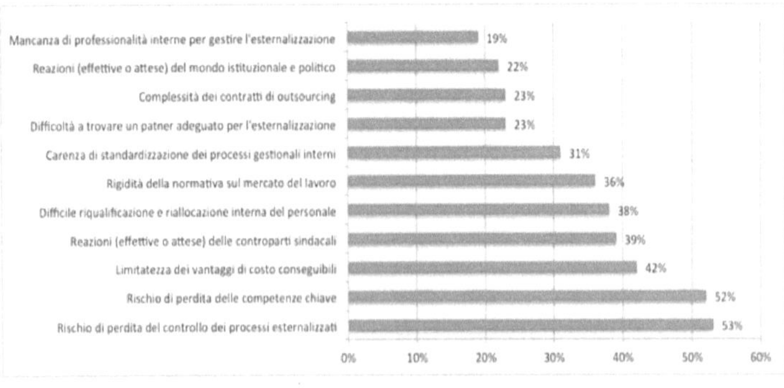

Figura 1.2 – i freni all'outsourcing per le imprese (adattamento).
Fonte: il sole 24 ore (2008) contenuto in Patore P. Ricciardi A. (2010), *Outsourcing strategico. Tecniche di gestione, criticità, vantaggi competitivi*, Franco Angeli, Milano, pag. 121

Il settore manifatturiero costituisce un riferimento importate di quali sono gli effetti della delocalizzazione sul vantaggio competitivo delle imprese committenti (per quel che riguarda i costi, la qualità e il tasso d'innovazione) grazie anche alle tecnologie informatiche e telematiche che, si prestano al servizio delle nuove forme di organizzazione, offrendo una serie di strumenti e mezzi per consentire un'efficace ed efficiente integrazione tra i partner.

Le condizioni di contesto che incidono sulla scelta da parte delle aziende di strategie e di politiche (riduzione del ciclo di vita dei prodotti e necessità di rapido adattamento alla richieste del mercato, competitività sui costi e sulle prestazioni qualitative dei prodotti) richiedono un abbreviazione dei tempi di progettazione, garanzia di una continuità nella gestione tecnica del prodotto, ingenti investimenti, sia in attrezzature specifiche sia in termini progettuali, e competenze di *know-how* specifici, spesso non disponibili internamente alle aziende.

L'*outsourcing* diventa una risposta al principio che una determinata attività deve essere creata internamente solo quando ha una forte influenza su quelli che sono gli attributi del valore fondamentali per il cliente, costituiti perlopiù dal *design* altamente sofisticato, competenze produttive specializzate e investimenti dedicati, fuori dalla portata di fornitori esterni e, infine, quando riguarda tecnologie che possono rivelarsi strategiche per esercitare una *leadership* da parte della azienda nel settore di competenza. Nel restante dei casi è consigliabile il ricorso a terzisti esterni (cd. *Contract Manufacturers*) (12). Le scelte di delocalizzazione sono motivate dalla volontà delle imprese decentrate di dare soluzioni in forma radicale al problema inerente all'organizzazione della catena del valore, creando così una relazione definita "*manufacturing collaborativo*". Il ricorso a terzi, in passato costituiva una scelta prevalentemente operativa, basata sulla valutazione di una convenienza di tipo economico e orientate al breve periodo; oggi, è diventato una modalità di organizzazione della catena del valore e dei sistemi industriali. Per quanto riguarda l'Italia, sono state attivate delle ristrutturazioni organizzative, anche se con alcune limitazioni, acquisendo la logica del moderno manufacturing: una *comakership* tra grandi *committenti*/produttori e una rete di efficienti *contract manufacturers* chiamati a fornire delle risorse complementari di natura produttiva necessarie al conseguimento di vantaggi competitivi sui mercati globali.

1.3. Vantaggi e rischi del processo di delocalizzazione (13)

Se si lasciano in azienda i soli processi vicini al *core business*, ci si può concentrare solo su ciò che si può ottenere con estrema efficacia utilizzando risorse distintive dell'azienda, che la differenziano dai concorrenti, impegnando così risorse e investimenti in attività riguardanti la ricerca di vantaggi competitivi rispetto alla concorrenza nel proprio settore di appartenenza. In questo modo il *management* si concentra sugli obiettivi primari, specializzandosi sul proprio ambito. Conseguentemente, i dipendenti che saranno coinvolti nelle attività più importanti della *mission* aziendale possono avere più motivazione e gratificazione nello svolgere la propria mansione; in questo modo si evita il rischio di perdere figure professionali valide, per le quali sono stati sostenuti investimenti per la formazione (14). Contemporaneamente, attingendo a risorse esterne per attività non *core* è possibile avvalersi di specialisti sempre aggiornati senza dover sostenere ulteriori investimenti in formazione, trasferendo i costi per aggiornamento del personale esclusivamente in settori chiave dell'azienda.

Con l'eliminazione di processi *no core*, l'azienda ottiene una maggiore liquidità da reinvestire nelle attività principali; in questo modo la delocalizzazione diventa un modo per poter sanare difficoltà finanziare in cui potrebbe versare l'azienda. Con il trasferimento di impianti, macchine, veicoli, licenze non collegati alle attività *core*, essa ottiene una liquidità immediata, in quanto i beni vengono ceduti al loro valore di iscrizione al bilancio che potrebbe essere anche superiori alla quotazione di mercato. Da questo flusso di cassa positivo, l'azienda può trarre diversi vantaggi tra i quali quello di migliorare indici di bilancio come, ad esempio, il ROI (*Return On Investment*).

Con la globalizzazione dei mercati è possibile trovare in altri paesi prodotti e servizi più competitivi dal punto di vista dei prezzi e della qualità; ricorrendo all'esternalizzazione si possono acquisire all'esterno dell'azienda gli stessi prodotti e/o servizi a prezzo più vantaggiosi, che a causa della difficoltà nella gestione o nel controllo dei processi produttivi, non è più possibile conseguire in modo efficiente al proprio interno (15).

Diversi sono i vantaggi e gli svantaggi che si hanno nell'avviare un processo di delocalizzazione produttiva specie all'estero. Nel seguito essi vengono sintetizzati. (16)

Vantaggi

- Abbassamento dei costi di produzione;

- Reperibilità di manodopera specializzata a basso costo;

- Acquisizione di materie prime in loco, che possono avere un prezzo inferiore rispetto a quelle reperite in patria;

- Possibilità di attuare un'integrazione verticale del processo produttivo; ad esempio, un'azienda che produce scarpe potrà acquisire all'interno del proprio processo produttivo i fornitori di materie prime come pellami, tacchi, ecc.

- Poter instaurare *partnership* con ipotetici concorrenti;

- Usufruire di agevolazioni di carattere tributario e finanziario.

Rischi

- Calo dell'occupazione (per quanto riguarda mercati del lavoro come quello europeo, legato a una forte rigidità salariale);

- Innalzamento dei costi legati alla logistica e ai trasporti nel paese di origine;

- Possibili rischi dovuti alla stabilità del paese in cui si è delocalizzata la produzione perché, a volte, l'esternalizzazione avviene in paesi con instabilità politica;

- Rischi legati al trasferimento di risorse *competitive* come il *know how*, non sempre facili da replicare;

- Possono venire trascurate o ridursi la qualità della produzione e l'immagine aziendale.

È quindi necessario analizzare i casi in cui la delocalizzazione rappresenta realmente una buona strategia competitiva, valutare i fattori per quanto riguarda la scelta del paese, e saper organizzare la produzione secondo le specifiche potenzialità tecniche e ambientali che ciascun ambito territoriale può offrire.

In realtà, le imperfezioni dei mercati intermedi (nella fonte non vengono specificati) (con i relativi costi transazionali) (17) impongono all'azienda di ricercare un punto di equilibrio tra due opposti obiettivi: sfruttare le opportunità offerte dall'esistenza dei mercati delle risorse; limitare la propria vulnerabilità strategica in caso di rottura della relazione con i terzi oppure un fallimento di mercato. Ogni impresa deve dunque trovare un proprio punto di equilibrio (18) tra l'integrazione delle proprie attività e la delocalizzazione; si può anche arrivare alla scelta di una soluzione all'estremo opposto dell'altra: come la totale esternalizzazione o solo l'integrazione verticale.

Gli studi evidenziano che anche se si adotta l'opzione dell'*outsourcing*, questo non deve portare dei stravolgimenti a livello competitivo all'interno dell'azienda; nel senso che la delocalizzazione non può snaturare i vantaggi competitivi e le competenze distintive sulle quali l'azienda ha fondato o intende intraprendere il proprio successo competitivo. (19)

Infine, bisogna anche avere una conoscenza approfondita degli aspetti legati alla legislazione del paese in cui la produzione verrà trasferita, cioè un'analisi degli aspetti normativi legali e fiscali.

1.4. Delocalizzazione a fini strategici

Le aziende che vorrebbero intraprendere un processo di *outsourcing* devono, innanzitutto, analizzare la convenienza di questa strategia rispetto ad altre possibilità e scegliere accuratamente l'azienda fornitrice *partner* a cui affidare la produzione.

Per introdurre all'interno dell'azienda un processo di *outsourcing* bisogna seguire due fasi: la prima di ***avvio*** e la seconda di ***gestione*** (20).

Nella fase di **avvio** verranno definiti i processi oggetto di una possibile esternalizzazione, attraverso un'analisi della loro rilevanza in termini strategici, cioè il contributo che può conferire alla formazione di competenze distintive e di efficienza con il loro svolgimento all'interno del complesso aziendale. Se dopo questa valutazione emerge che la rilevanza strategica del processo non è elevata e che esternalizzando si ottengono risultati superiori dal punto di vista qualitativo, si può procedere ad una ridefinizione dei confini del processo alla selezione del *partner*.

Dopo la scelta del *partner*, nella seconda fase, quella di **gestione**, si avviano le trattative contrattuali fino ad arrivare alla stipulazione del contratto dove saranno previste le modalità di controllo della qualità delle prestazioni ottenute e le clausole sanzionatorie in caso di mancato rispetto delle clausole contrattuali. Dopo gli atti di formalità, si procederà quindi al trasferimento delle attività al *partner* che, insieme con il responsabile del processo di delocalizzazione, provvederà a monitorare periodicamente l'andamento del servizio, con l'obiettivo di evidenziare eventuali scostamenti rispetto ai risultati attesi e applicare eventuali azioni correttive.

Nella prima fase, che precede la stipulazione del contratto con l'azienda fornitrice, bisogna valutare attentamente le attività che si vogliono esternalizzare; quest'analisi verterà sulle competenze possedute dall'azienda che intende delocalizzare. Di queste competenze si deve fare una distinzione tra quelle di *base,* che hanno un impatto significativo al conseguimento dei vantaggi competitivi, e quelle di *supporto*, che hanno il compito di sostenere e consolidare le competenze di base. In prima istanza, per determinare quali attività della catena del valore (21) saranno soggette a un processo di *outsourcing* si deve definire il proprio *core business*, cioè "il nucleo essenziale delle proprie risorse e competenze, la cui esternalizzazione potrebbe compromettere la stessa sopravvivenza dell'azienda" (22).

Porre attenzione sulle risorse interne porta l'azienda a stabilire delle strategie di medio – lungo periodo, su ciò che essa è in grado di fare.

I modelli che l'azienda può adottare per competere a livello internazionale sono (23):

- l'esportazione, sia diretta che indiretta, attraverso cui vengono mantenute in patria la maggior parte della attività della catena del valore e dedicate al mercato estero principalmente le attività di vendita;

- stipulando alleanze con *partner* esteri, che le consentono l'integrazione con il mercato estero, apportando una frammentazione di alcune attività della catena del valore, condividendo però, i rischi con i *partners* selezionati;

- gli investimenti diretti esteri (IDE), attraverso i quali l'azienda delocalizza sia attività produttive, che commerciali, che di servizio, in paesi esteri dove sarà possibile esercitare un controllo diretto su tali attività.

Gli investimenti diretti esteri (IDE) a fini produttivi consistono "nell'insediamento estero di stabilimenti e impianti destinati alla trasformazione e/o assemblaggio di materiali e componenti" (24), e sono motivati da "strategie competitive volte al perseguimento o allo sfruttamento di vantaggi di costo e di differenziazione, attraverso l'acquisizione di risorse e di mercati globali" (25).

La produzione, come illustrato all'inizio del capitolo, può essere orizzontale, in tal caso l'azienda produce nel paese in cui ha deciso di delocalizzare le stesse produzioni che realizza in patria. Questa scelta consente all'impresa di realizzare all'estero un prodotto con caratteristiche simili a quello fabbricato in patria; ciò porta ad una duplicazione del processo di produzione e consente all'azienda di inserirsi nel mercato internazionale oppure di migliorare la propria posizione competitiva rispetto ai concorrenti, perfezionando il servizio per i clienti del nuovo contesto competitivo. Prima di intraprendere questo tipo di produzione bisogna valutare i costi dell'investimento che saranno costituiti dai costi riguardanti le contrattazioni con i governi locali, dalla valutazione del sistema fiscale, dall'aspetto organizzativo necessario per la preparazione dell'impianto, che potranno essere ridotti creando collaborazioni con aziende locali. Inoltre, si devono aggiungere i costi legati alla produzione, sia di natura fissa che variabile, che dipenderanno dalla dimensione dell'impianto piuttosto che dall'esistenza di economia di scala.

Con la produzione orizzontale si sosterranno dei costi, però, si potrà usufruire di diversi risparmi in termini di costi di trasporto e il miglioramento delle tempistiche di consegna e della risposta alle richieste dei mercati locali.

Sono presenti due tipi di produzione orizzontale (26): la prima orientata al mercato e la seconda orizzontalmente integrata (27).

Nella prima tipologia (di produzione), gli IDE hanno il fine di *market seeking* (investimenti avviati per entrare in un determinato mercato), ed è seguita da imprese che reputano gli investimenti diretti e le esportazioni come modi alternativi. Questi investimenti hanno come obiettivo: la riduzione dei costi di accesso al mercato come costi di trasporto o costi doganali, oppure l'accrescimento della propria posizione competitiva nel mercato tramite una maggior capacità di rispondere alle esigenze e alle preferenze locali. In sostanza, quando si hanno costi di accesso tramite esportazioni maggiori rispetto ai costi dovuti alla predisposizione di un impianto nel paese estero, in questo caso l'investimento diretto sostituirà le esportazioni.

La seconda tipologia (produzione orizzontale integrata) è seguita da aziende che puntano allo sfruttamento di economie di scopo e di scala, perciò gli investimenti verranno definiti *efficiency-seeking* (28) e saranno motivati dall'esigenza di adattare i prodotti dell'azienda ai gusti o agli *standard* qualitativi presenti nei diversi mercati locali. La produzione verticale ha il fine di ridurre i costi, grazie all'adozione delle risorse locali, della manodopera e dalla materie prime disponibili a costi inferiori o l'accesso a risorse locali non disponibili in patria, avviando una frammentazione del processo produttivo che deriva dalla presenza di capacità e competenze diverse nelle varie parti del mondo, dove alcuni paesi hanno conoscenze a livello produttivo rispetto ad altri.

1.5. I vantaggi competitivi e i rischi della delocalizzazione strategica

Il posizionamento geografico dell'investimento diretto può essere fonte di vantaggio competitivo, questo scaturisce dalla possibile differenza nel costo delle risorse produttive, dall'arbitraggio esercitabile dall'azienda che procede alla delocalizzazione e della gestione dei flussi di prodotti. L'internazionalizzazione di una filiale apporterà vantaggi nel lungo periodo all'azienda che investe, se questa però, riuscirà a instaurare delle relazioni di collaborazione con le altre sedi distribuite nelle diverse parti del globo, oltre alla filiale esternalizzata (29).

Per ricorrere al processo di delocalizzazione deve essere formulata una strategia idonea ai fini organizzativi per accrescere la forza competitiva delle aziende *partner*. Infatti, attraverso questo procedimento l'azienda si aspetta di conseguire (30): un incremento del rendimento delle risorse interne, concentrando gli investimenti nelle aree in cui l'azienda già detiene una posizione di *leadership* sul mercato; un migliore sfruttamento degli investimenti, innovazioni e specializzazioni professionali dei fornitori, risorse che non possono essere prodotte all'interno dell'azienda; volumi elevati nei singoli settori, ottenendo in questo modo economie di scala; economie di apprendimento, attraverso la specializzazione del fornitore individuato.

Inoltre, la strategia di delocalizzazione può risultare utile all'azienda per costruire robuste barriere nei confronti degli attuali *competitors* e quelli futuri, portando vantaggi rilevanti al rafforzamento della quota di mercato.

Bisogna valutare che se viene implementata una strategia di

outsourcing, nei casi di successo avremo come appena detto un consolidamento della competitività aziendale oppure si può rivelare una fonte di vantaggio competitivo; invece, nei casi in cui l'utilizzo della strategia di delocalizzazione non avviene in modo opportuno, essa può determinare un peggioramento della *performance* aziendale. Per evitare di raggiungere obiettivi non soddisfacenti, è fondamentale che le ragioni di carattere strategico prevalgano su quelle tattiche, in quanto un'eccessiva concentrazione su obiettivi di breve termine, dovuta dalla necessità di far fronte ad emergenze contingenti, conduce non di rado a risultati molto al di sotto delle aspettative (31).

Gli obiettivi strategici che vengono perseguiti di solito, quando viene avviato un processo di *outsourcing*, possono essere di diversi tipi (32):

- **Tecnologico**, quando l'innovazione dei processi produttivi necessita di ampliare i propri confini e ad acquisire il *know how* attraverso la delocalizzazione;

- **Organizzativo**, per concentrare le risorse sul *core business* e ridurre l'eccessiva rigidità della struttura;

- **Finanziario**, ci sarà un recupero delle risorse finanziarie generate dall'esternalizzazione dei processi, al fine di realizzare nuovi investimenti;

- **Economico**, che consente di usufruire della riduzione dei costi operativi grazie all'economia di scala conseguibili dall'*outsourcer*;

- **Sinergico**, vengono condivise con i *partner* competenze e capacità e, inoltre, il rischio aziendale che colpisce l'attività oggetto di esternalizzazione.

Per quanto riguarda i rischi legati al processo di delocalizzazione, possono essere di carattere economico, strategico e operativo (33).

I rischi di carattere *economico* possono essere collegati alla difficile quantificazione dei costi da sostenere, perlopiù quelli legati alla ricerca e selezione dei *partner*, al coordinamento dei diversi apporti al processo produttivo, al controllo della prestazione. Questi sono uno degli aspetti più rilevanti in quanto sono costi di natura elevata e non sempre quantificabili. Infatti, accade che molte volte i costi che erano stati preventivati non vengano rispettati e si avrà un livello di costi effettivi molto più alto. Bisogna, inoltre, considerare i costi legati alle transazioni, costituiti dai costi di ricerca e selezione del fornitore, i costi di coordinamento per verificare che le prestazioni siano eseguite e rispettate in base ai termini contrattuali e i costi penali per la risoluzione anticipata dei contratti di locazione, ecc.
Una delle cause della complessità di quantificare tali costi dipende dalle asimmetrie informative che nascono tra fornitore e cliente; questo può avvenire nel momento in cui i fornitori sono i soli ad avere accesso alle informazioni e ai dati della scadenza del contratto e non li comunicano ai clienti.

Nel processo di *outsourcing* che è legato molto ai rapporti tra cliente e fornitore, è probabile che si manifestino casi di asimmetria informativa; questi se non vengono affrontate nelle varie fasi del processo di delocalizzazione può compromettere la riuscita del procedimento.

Per ridurre il rischio di asimmetria informativa sarebbe opportuno stipulare accordi di durata più breve, specialmente per quei processi che non possono essere osservati dalla tecnologia e, inoltre predisporre un organico adeguato e valutarlo in base a obiettivi prefissati e monitorarlo costantemente sui risultati raggiunti, oppure prevedere nel contratto di *outsourcing* delle specifiche clausole che prevedano da parte del fornitore l'obbligo di fornire specifiche informazioni al cliente a scadenze determinate, oppure la possibilità per quest'ultimo di fare accesso e verifiche negli stabilimenti produttivi del fornitore medesimo.

Per quanto riguarda i rischi di carattere *strategico,* essi sono rappresentati dalla perdita di controllo e coordinamento dell'attività trasferita all'estero.

La cessione dell'attività di produzione all'esterno può causare la perdita di sinergie tra i vari processi aziendali; infatti, più aumentano le risorse impiegate direttamente nel processo di produzione di un componente o di un servizio, specularmente aumenta l'efficienza e la possibilità di interazione tra individui con competenze diversificate. Attraverso la delocalizzazione, questo processo può essere ridimensionato o annullato completamente; l'azienda, che esternalizza un processo produttivo per specializzarsi in un altro può perdere il controllo su quello trasferito all'estero che in futuro potrebbe risultare critico per la sua competitività all'interno del mercato. Con la delocalizzazione di un'attività ad alto tasso tecnologico può comportare una perdita non indifferente di *know-how* difficilmente recuperabile (34).

Gli effetti negativi nei quali l'azienda può incorrere possono essere di diversa natura: irreversibilità della scelta di esternalizzazione, legata alla complessità della gestione e alla vicinanza del processo esternalizzato al *core business*; tanto è più vicino il processo, tanto più sarà difficile ripristinare la situazione all'interno dell'azienda; abbassamento dei livelli di efficienza delle aree di gestione collegate all'attività oggetto di delocalizzazione, aspetto legato a tutte quelle attività che comprendono l'esternalizzazione dei sistemi informativi che generalmente riguardano tutte le aree che costituiscono l'azienda; maggiore competitività delle aziende *competitors* che hanno sviluppato al loro interno quella determinata attività.

I rischi di carattere *operativo* sono costituiti invece dalle relazioni tra l'azienda e i vari *partner* locali e gli ostacoli da parte dei dipendenti.

A volte, quando si contrae una collaborazione con vari *partner,* può capitare che l'azienda sviluppi una forte dipendenza nei loro confronti; questa può rivelarsi estremamente rischiosa, specialmente quando si prende di riferimento soltanto un fornitore, per questo l'esito dell'operazione dipenderà tutto da quest'ultimo. Inoltre, questa dipendenza nei confronti del partner può comportare uno squilibrio in termini di forza contrattuale; il fornitore può esercitare un potere di controllo sulla dipendenza dell'azienda, procurandosi dei vantaggi anche in termini contrattuali.

Per tentare di limitare questi rischi, l'azienda che vuole delocalizzare un determinato processo dovrebbe stipulare contratti di breve durata con diversi fornitori, a volte anche in concorrenza tra di loro, e stabilire degli incentivi nel caso in cui i risultati vengano conseguiti in termini di riduzione dei costi e aumento della produttività.

Obiettivi		Rischi	
Tecnologico	Quando si vogliono ampliare i propri confini e ad acquisire il know – how attraverso la delocalizzazione.	Economico	difficile quantificazione dei costi da sostenere: selezione dei partener, coordinamento del processo produttivo, controllo della prestazione.
Organizzativo	concentrarsi sul core business e ridurre la rigidità della struttura.	Strategico	perdita di controllo e coordinamento dell'attività trasferita all'estero.
Finanziario	le risorse finanziarie che verranno generate dalla delocalizzazione potranno essere utilizzate per nuovi investimenti.	Operativo	forte dipendenza dell'azienda nei confronti dei partner, opposizione alla delocalizzazione da parte dei dipendenti e dei loro rappresentati sindacali.
Economico	riduzione dei costi operativi grazie alle economia di scala conseguibili.		
Sinergico	condivisione con i partener di competenze, capacità e rischio aziendale.		

Infine, uno dei rischi più rilevanti di carattere operativo in cui può incorrere l'azienda è rappresentato dalle opposizioni che la delocalizzazione può scaturire in tutta la struttura aziendale stabilita in patria e delle rappresentanze sindacali. L'esternalizzazione viene vista da parte dell'alta direzione, come un atto di sfiducia soprattutto nei confronti dei dipendenti addetti ai processi oggetto della procedura di delocalizzazione. I dipendenti possono rispondere a questa operazione manifestando frustrazione, rancore e uno scarso interesse verso le aspettative di carriera e verso gli incarichi a loro assegnati; inoltre, questo può comportare anche una migrazione di figure altamente professionali verso altre aziende, a volte, anche concorrenti.

Per ridurre questi rischi sarebbe necessaria, nelle fasi embrionali del processo di delocalizzazione, la massima riservatezza per evitare di creare uno stato di agitazione da parte dei dipendenti. Quando il contratto di delocalizzazione è stato stipulato con i fornitori, il *management* dovrà comunicare ai propri sottoposti le motivazioni che hanno spinto loro a prendere questa decisione e le conseguenze che quest'ultima comporta. Adottando un efficace strumento di comunicazione, nel momento in cui viene applicato, l'esternalizzazione del processo aziendale può fornire opportunità di riqualificazione da parte del personale e quest'ultimi possono acquisire nuove esperienze e nuovi *skills*, ovvero, nuove abilità e competenze.

In conclusione, come osserva Terzani "per superare i problemi via via indicati e, dunque, per far si che l'outsourcing apporti realmente benefici che lo contraddistinguono, è ancora una volta determinante, per l'impresa, possedere una cultura aziendale volta al cambiamento attraverso la quale, appunto, creare condizioni per operare in modo più snello e flessibile" (35).

1.6. Gli aspetti economici della delocalizzazione (36)

Nei mercati in cui la competitività è molto alta e fortemente deregolamentati, le imprese devono avere una capacità di adattamento per non ridurre la propria quota di mercato.

Questo comporta un'analisi costante da parte delle aziende sulle proprie capacità gestionali e saper cogliere tempestivamente i cambiamenti della domanda e della tecnologia, in quanto l'aspetto legato alla tecnologia e la flessibilità sono le carte vincenti per un vantaggio competitivo che dura nel tempo. Proprio per questo, con il processo di delocalizzazione l'azienda riesce a sfruttare le competenze e le capacità del partner per completare le proprie raggiungendo performance più elevate nelle varie funzioni e nei diversi processi aziendali.

1.6.1. L'impatto della delocalizzazione sulla struttura dei costi: una scelta di "*make or buy*"

La prima implicazione che porta il processo di *outsourcing* a livello economico è l'impatto sulla struttura dei costi dell'azienda che esternalizza. Con la delocalizzazione si ha una ristrutturazione della struttura del costo aziendale, con l'abbattimento di alcuni costi fissi costituiti dagli investimenti in impianti e tecnologie, in *know-how* e in personale qualificato; si avrà un passaggio dal produrre internamente all'acquistare, trasformando ciò che costituiva in precedenza un investimento e un costo fisso, che diventa un costo di esercizio di natura variabile.

Per valutare gli effetti della delocalizzazione sulla redditività aziendale si può utilizzare l'analisi del punto di pareggio (*break-even analysis*) con la quale si avrà una netta distinzione tra costi fissi e costi variabili. Con l'*outsourcing* si avrà una riduzione dei costi fissi che sposta il *break-even* a sinistra e riduce il ricavo d'equilibrio; questa riduzione comporta una minore vulnerabilità del risultato economico dovuto a possibili contrazioni della domanda; quando ci sarà un'uguaglianza tra costi totali e ricavi totali, maggiore è l'incidenza dei costi variabili su quelli totali, minore è il volume di produzione divenuto necessario per il conseguimento della condizione di equilibrio tra costi e ricavi (37).

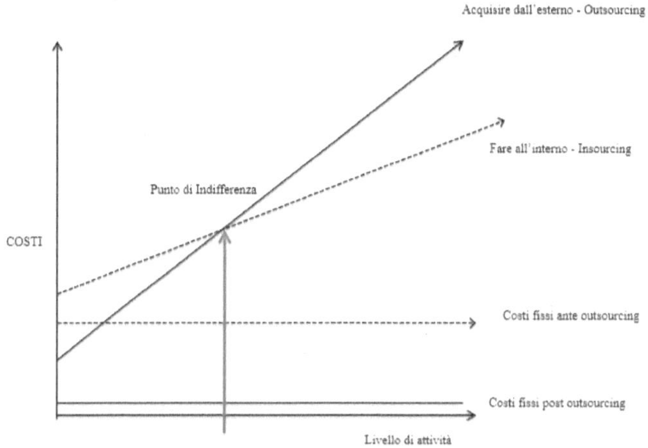

Fig. 1.3 – Insourcing versus Outsourcing: un confronto tra i costi
Fonte: Bubbio, Facco (1994), pag. 785

La decisione di procedere al processo di delocalizzazione (fig.1.3) consente di ridurre e mantenere sotto controllo i costi fissi aziendali e i costi operativi totali; questo avviene perché viene messo in atto un disinvestimento o una riduzione dell'investimento in determinate attività strutturali si andrà a modificare la struttura dei costi, dovuta a una maggiore flessibilità originata da una più alta incidenza dei costi variabili (per l'acquisto di beni e servizi) e, diminuisce quella dei costi fissi sui costi totali.

Inoltre, si riducono i costi operativi totali, per via delle economie di scala e degli altri vantaggi (economie di apprendimento, innovazioni di processo e di prodotto) connessi alla specializzazione del committente. Si avrà una successiva riduzione dei costi del lavoro (manodopera, gestione dei magazzini, costo per manutenzioni, costo personale tecnico, amministrativo e commerciale); costi amministrativi e commerciali (gestione della logistica, acquisto materie prime, trasporto, ecc.); costo per ammortamenti e oneri finanziari.

Più in generale, la disciplina economico-aziendale indica per valutare la convenienza nelle scelte di *make or buy* la valutazione dei cosiddetti costi differenziali (ovvero rilevanti) associati alle due ipotesi. La distinzione tra costi rilevanti e irrilevanti nelle decisioni di "**make or buy**", considera le decisioni relative alla scelta se acquistare all'esterno certe parti per assemblare o produrre un bene o far fare all'esterno una certa fase del processo produttivo, invece di realizzarlo all'interno dell'azienda. Di seguito verrà esposto un esempio numerico di decisione di "*make or buy*" (38).

Si abbiano i dati di costo seguenti relativi al componente X (dati in €):

Costi	Costi totali di produzione per 10.000 unità	Costi Unitari
Materie dirette	80.000	8,00
Manodopera diretta	10.000	1,00
Costi variabili di produzione per energia e servizi	40.000	4,00
Costi generali fissi eliminabili se non si produce (compreso ingegnere)	20.000	2,00
Costi generali di produzione per ammortamento di impianti specifici, assicurazione impianti ed amministrativi	30.000	3,00
Costi totali	180.000	18,00

Nell'ipotesi che venga fatta un'offerta da parte di un fornitore per l'acquisto presso la sua attività di un componente X a € 16,00, si deve esprimere un giudizio di convenienza economica. Confrontare semplicemente il costo unitario (€ 18,00) con il prezzo offerto (€ 16,00) può tranne in inganno sui risultati ottenibili mediante un calcolo economicamente razionale. È necessario svolgere una corretta analisi differenziale che permette di analizzare, nel breve periodo, la scelta tra scelte d'azione. Questa tecnica d'indagine considera solo tre valori differenziali: costi, ricavi e margine di contribuzione, i quali si modificano in base se alla scelta della scelta di azione. Inizialmente si procede con la considerazione dei soli costi rilevanti, in quanto quelli irrilevanti (non eliminabili) rimangono in entrambe le alternative e quindi non incidono sul risultato finale. In questo caso non vengono considerati i costi generali di produzione non eliminabili.

La tabella che segue mostra questa prima impostazione dei calcoli:

Costi rilevanti	Costi Totali (€)		Costi unitari (€)	
	Make	Buy	Make	Buy
Acquisto esterno		160.000		16,00
Materie dirette	80.000		8,00	
Manodopera diretta	10.000		1,00	
Costi generali di produzione variabili	40.000		4,00	
Costi di produzione fissi eliminabili	20.000		2,00	
Totale costi rilevanti	**150.000**	**160.000**	**15,00**	**16,00**
Differenza (favorevole all'ipotesi *make*)	**10.000**		**1,00**	

Confrontando direttamente il costo totale interno calcolato in base alla tabella iniziale (€ 160.000) risulterebbe più conveniente comprare all'esterno; se invece svolgiamo una corretta analisi differenziale nei costi di produzione interna si dovrà considerare solo i costi rilevanti: il totale dei costi rilevanti non è € 180.000 ma è € 150.000 e quindi vi è convenienza a produrre internamente.

L'analisi può essere anche svolta rispetto a tutti i costi (compresi quelli irrilevanti), considerando la loro presenza anche nell'ipotesi "*buy*" e ottenendo lo stesso risultato:

Costi rilevanti	Costi Totali (€)		Costi unitari (€)	
	Make	Buy	Make	Buy
Acquisto esterno		160.000		16,00
Materie dirette	80.000		8,00	
Manodopera diretta	10.000		1,00	
Costi generali di produzione variabili	40.000		4,00	
Costi di produzione fissi eliminabili	20.000		2,00	
Totale costi rilevanti	**150.000**	**160.000**	**15,00**	**16,00**
Differenza (favorevole all'ipotesi *make*)	**10.000**		**1,00**	

Prendendo in riferimento questo esempio è interessante vedere come sia possibile costruire un diagramma di *break-even* relativo alle scelte di "*make or buy*" e individuare un punto di pareggio tra convenienza "*make*" e convenienza "*buy*" in termini di volume di prodotto oggetto di analisi di convenienza. Il diagramma, indica il livello di *output* che fa da elemento di differenziazione tra la convenienza a produrre e quella ad acquistare.

Impostando il problema in modo matematico, partendo dalla uguaglianza:

Totale costi rilevanti di acquisto all'esterno (CTE) = Totale costi rilevanti di produzione all'interno (CTI) (39).

Siano:

Pe = Prezzo unitario di acquisto all'esterno
Q = N. unità produrre/acquistare
v = Costo variabile unitario interno
CFr = Costi fissi rilevanti (eliminabili)

Avremo:	CTE = Pe x Q e CTI = CFr + v + Q
e quindi:	Pe x Q = v x Q + CFr
da cui:	Q* = CFr/(Pe – v)

Nell'esempio:

Pe=16,00;
cv = 8,00 (materie dirette) + 1,00 (manodopera diretta) + 4,00 (costi generali di produzione variabili) = 13,00
CFr = 20.000

La quantità di pareggio sarà: Q* = 20.000/ (16,000 – 13,00) = 6.666

Graficamente avremo (Fig. 1.4):

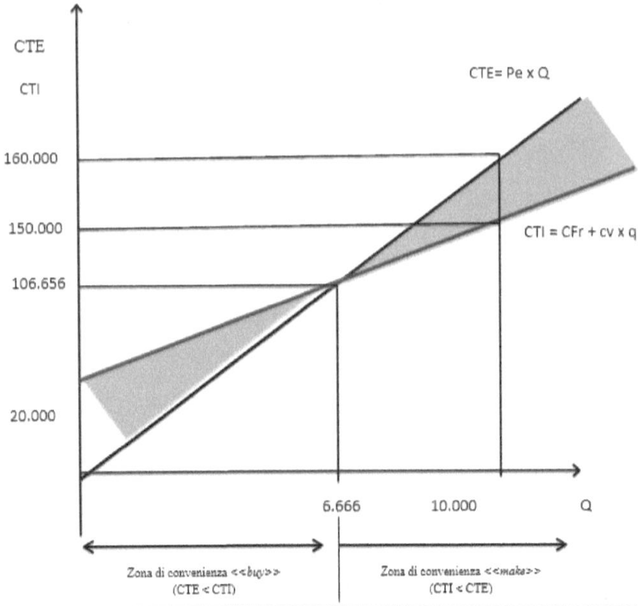

Fig. 1.4 - Rappresentazione grafica della convenienza di Make or Buy
Fonte: Cinquini L. (2013), *Strumenti per l'analisi dei costi. Volume I. Fondamenti di cost accounting*, Giappichelli, Torino (pag 195).

La funzione CTE è una retta passante per l'origine, quella CTI è una retta che parte dai CF rilevanti.

Pertanto:

- al di sotto della quantità di *break-even*, CTI è maggiore di CTE; quindi da 0 a 6,666 di unità da produrre si ha una zona di convenienza "*buy*" (se quindi dovessero servire solo 5.000 unità converrebbe l'acquisto esterno);

- con il superamento delle quantità di *break-even*, si entra nella zona di convenienza "*make*", in quanto CTE è maggiore di CTI (se il numero di unità è 10.000, come nell'esempio, è immediata la conclusione di produrre internamente).

1.6.2. I vantaggi economici a livello gestionale

Molte volte si considera il processo di *outsourcing* come una semplice soluzione per ridurre i costi nel breve periodo, tralasciando che tale strategia può consentire all'azienda di aumentare la propria flessibilità in un ambiente competitivo dinamico e focalizzarsi sulle proprie competenze chiave. L'*outsourcing* diviene così una strategia che consente di riformulare le modalità gestionali e sviluppo delle competenze e delle risorse aziendali.

Per questo, l'*outsourcing* consente di portare a dei miglioramenti della produttività aziendale. Se si esprime la produttività (40) con:

$P = output/input$

la produttività economica che l'*outsourcing* è in grado di generare può essere così specificata:

Pe = RP (*valore dell'output realizzato*) / CF (*valore del fattore impiegato*)

dove RP (valore dell'output realizzato) rappresenta il valore dei servizi erogati dal committente mentre CF rappresenta il costo totale dell'attività esternalizzata.

I fattori che consentono di massimizzare il numeratore o minimizzare il denominatore, possono essere rappresentati da: economie di scala, di esperienza e di varietà conseguibili dal committente che gestisce gli stessi servizi per più clienti.

Per quanto riguarda le economie di scala, l'*outsourcing* comporta il loro sviluppo quando: "c'é il provider specializzato nella produzione di un prodotto o di alcune attività, installa una capacità produttiva maggiore rispetto a quella necessaria all'azienda cliente se producesse il bene internamente" (41); quando il *provider* acquisisce maggior potere contrattuale rispetto ai suoi fornitori ottenendo una combinazione più efficiente prezzo/qualità.

Le economie di apprendimento possono essere descritte come i vantaggi di costo che si ottengono con l'accumulo di esperienza che si verifica attraverso la ripetizione continua di una stessa attività. Con l'*outsourcing* si realizza tale effetto perché l'impresa fornitrice specializzata in una determinata attività opera per diversi clienti e realizza maggiori volumi facendo raddoppiare la produzione più velocemente rispetto all'azienda committente se decidesse di non avviare il processo di delocalizzazione.

Un altro fattore da considerare a livello gestionale, è la riduzione dei costi d'inutilizzazione da parte del committente, che si spostano al fornitore. La delocalizzazione consente una maggiore flessibilità operativa, in altre parole consente di seguire variazioni della domanda e una riduzione dei costi d'inutilizzazione della capacità produttiva aziendale.

Altre variabili da considerare

Dopo aver considerato tutti i costi e i benefici che derivano dalla scelta di delocalizzare è necessario per l'azienda tenere conto anche (42):

- della tecnologia disponibile in azienda;

- del ciclo di vita dell'azienda e del settore;

- del posizionamento dei fornitori e dei concorrenti.

Per quanto riguarda la variabile tecnologica, per evitare insuccessi, non bisogna valutare solo la convenienza economica. Occorre verificare se la natura tecnologica dei processi produttivi può consentire maggiori rendimenti tecnici nel caso in cui i processi siano svolti sequenzialmente. Inoltre, bisogna individuare quali tecnologie hanno un elevato grado di criticità nel determinare il vantaggio competitivo e valutare se questo tipo di vantaggio si può proiettare in futuro.

Valutare il ciclo di vita del settore in cui opera l'impresa è utile per la scelta di delocalizzare in quanto se si sta operando in un settore in sviluppo si potrà sfruttare la leva operativa (43) elevata e l'assorbimento di una consistente capacità produttiva generata da una notevole integrazione verticale. L'effetto moltiplicativo della leva operativa rappresenta una situazione di rischio quando il settore si trova nella fase di maturità e in questo caso è consigliabile rendere più flessibile la struttura aziendale procedendo alla delocalizzazione.

Infine, l'analisi settoriale non riguarda soltanto le aziende concorrenti ma comprende anche i clienti e i fornitori. Per questi ultimi occorre valutare il potere di mercato, l'onerosità di una loro ricerca e selezione e il livello medio della qualità delle loro prestazioni.

1.7. La delocalizzazione in cifre: i dati dei distretti tessili italiani

1.7.1. Il contesto generale

In passato, il settore che è stato maggiormente colpito da processi di delocalizzazione è stato quello dell'abbigliamento (44); nel corso degli anni l'esternalizzazione della produzione ha interessato oltre all'abbigliamento anche altri settori. Infatti, oltre alla realizzazione di capi di seta in Cina, la produzione di abbigliamenti di lana in Turchia o la produzione di componenti di calzature in Romania, troviamo anche la lavorazione di semilavorati in legno prodotti in Romania e componenti di autoveicoli in Tunisia. Ricorrono al processo di delocalizzazione, al contrario di quello che si possa pensare, le piccole-medie imprese (PMI) che hanno aperto degli stabilimenti produttivi in Romania a seguito di una consapevole scelta di mercato, alla ricerca di manodopera a basso prezzo da impiegare all'interno della catena produttiva, con il fine di abbattere i costi di produzione e aumentare la competitività.

In base a uno studio condotto da *Price Waterhouse Coopers* (PWC) (45), durante il periodo 2001-2006 sono state circa 3.000, le aziende italiane che hanno iniziato un processo di delocalizzazione all'estero. La maggior parte delle aziende che hanno delocalizzato appartengono al settore della distribuzione al dettaglio che riguarda l'abbigliamento, borse e accessori, elettronica. Viceversa, questo processo nei settori *Retail & Consumer* (vendita al dettaglio) è ancora quantitativamente limitata: si conta circa il 4% delle aziende manifatturiere e il dato riguarda perlopiù aziende di grandi dimensioni.
I paesi destinatari del processo di *outsourcing* sono i seguenti (fig. 1.5): Romania, Albania, Polonia e altri paesi est Europa,

5%, altri stati in Europa 17%, nuovi stati membri dell'Unione europea 19% Africa 10%, India 8%. Negli ultimi anni sono stati anche interessati alla destinazione di attività della produzione da parte di aziende italiane, la Russia, India (8%) e parte della Cina (16%).

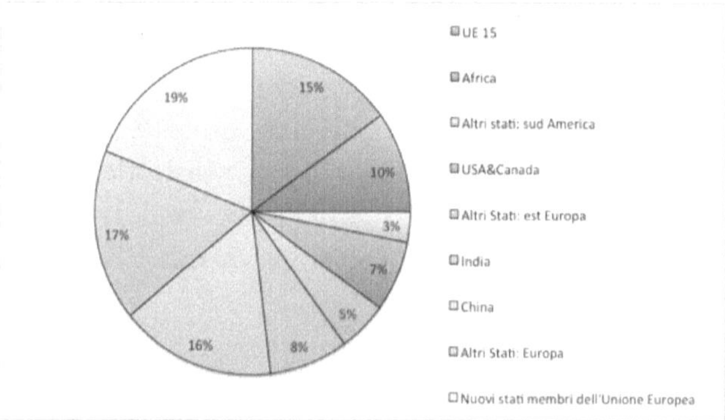

Fig. 1.5 –Fonte: PWC.com - Delocalisation in foreign countries (adattamento)

1.7.2. La strada dell'internalizzazione – Rapporto Unioncamere 2014

Una delle strategie più utilizzate da parte delle aziende per rispondere alle pressioni esercitate dal mercato interno è quella di internazionalizzare: in questa logica risulta elevato il numero di imprese familiari italiane (69%) che ha esportato nel corso del 2013 (46). L'indagine è stata svolta a un campione significativo dell'universo delle 22.000 imprese manifatturiere appartenenti ai settori dell'alimentare, abbigliamento, arredamento, e della meccanica che abbiano un numero di addetti compreso tra le 20 e le 499 unità.

Il campione riguarda sia le imprese familiari sia quello che non appartengono a tale modello. I principali mercati esteri a cui queste aziende si rivolgono sono rappresentati dell'Unione Europea (area UE - 27 e paesi EFTA (47) - *European Free Trade Association)*, verso cui esporta circa il 65% delle imprese esportatrici (comprendendo imprese familiari e non familiari). Il secondo mercato in ordine d'importanza, dove le aziende italiane si rivolgono è quello degli Stati Uniti, seguito dalla Russia e dai paesi Arabi, i quali hanno attratto circa il 6% degli esportatori.

Concentrandosi sull'area Europea, i paesi in cui di esporta di più sono Germania (41%) e Francia (27%); per i restanti paesi dell'Unione, si registra una diffusione abbastanza uniforme (fig.1.6).

Andamento esportazioni	Familiare tradizionale	Familiare allargata	Non familiare	Totale
Forte aumento (oltre il 15%)	7	9	6	7
Sensibile aumento (dal 3% al 15%)	33	35	38	34
Stazionario (+/-2%)	42	41	33	41
Sensibile diminuzione (dal 3% al 15%)	14	14	20	15
Forte diminuzione (oltre il 15%)	4	0	3	3
Totale	100	100	100	100

Fig. 1.6 – Andamento delle esportazioni tra il 2012 e il 2013, per tipologia di azienda (distribuzione percentuale sul totale, per ciascuna tipologia).
Fonte: indagine Centro Studi Unioncamere sulle Pmi manifatturiere (20-499 addetti).
Rapporto Unioncamere 2014 - pag.121

Il motivo cardine che spinge le aziende a rivolgersi al mercato estero è rappresentato per il 30% delle aziende oggetto dell'indagine proposta dal Rapporto Unioncamere del 2014, dalla crescita della domanda del prodotto *made in Italy* in tali paesi esteri, legata alla qualità superiore riconosciuta ai prodotti e servizi italiani offerti rispetto alla concorrenza estera e più in generale un apprezzamento da parte dei clienti del marchio italiano. In circa il 7% dei casi è stato indicato la fidelizzazione del cliente all'impresa e la competitività sul prezzo rispetto alla concorrenza estera. Le imprese di medio - grandi dimensioni applicano una strategia di marca e di fidelizzazione della clientela; invece, le aziende di piccole dimensioni costituite da quelle familiari si distinguono sul mercato estero concorrendo sulla qualità e il riconoscimento attraverso il marchio *Made in Italy*.

Andando più a fondo con l'analisi, si può constatare come l'82% delle aziende familiari abbia esportato direttamente all'estero; tra queste possiamo distinguere il 60% di aziende che si sono avvalse di una propria rete commerciale, mentre il 7% ha esportato indirettamente tramite un soggetto italiano e infine il 5% ha utilizzato un importatore straniero.

Nel triennio 2012-2014 il 93% (48) delle imprese familiari ha mantenuto o s'impegna a mantenere gli stabilimenti/sedi di produzione o sedi commerciali e logistiche in Italia.

Andamento stabilimenti/sedi	Familiare tradizionale	Familiare allargata	Non familiare	Totale
Aumenterà, saranno di numero superiore al passato	4	4	5	4
Rimarrà stabile	93	92	90	93
Diminuirà, saranno di numero inferiore al passato	3	3	6	3
Totale	**100**	**100**	**100**	**100**

Figura 1.7 – Aumento nel triennio 2012-2014 del numero di stabilimenti/sedi produttive o commerciali in Italia, per tipologia d'impresa (distribuzione percentuale sul totale, per ciascuna tipologia).
Fonte: indagine Centro studi Unioncamere sulle Pmi manifatturiere (20-499 addetti).

In questo triennio, il 9% delle imprese oggetto d'analisi ha realizzato o prevede di realizzare investimenti in paesi esteri: la parte costituita dal 7% ha investito o pensa di investire in aziende nelle quali esercita un controllo, il restante 2% vuole investire acquisendo partecipazioni in altre società. Gli investimenti diretti al territorio estero nel triennio 2012-2014, sono costituiti da circa il 50% da quelli di tipo produttivo (stabilimenti), il 40% dei casi investimenti di tipo commerciale, infine, il 7% per la creazione di uffici di rappresentanza.

In base al rapporto di Unioncamere del 2014, le imprese familiari che hanno investito all'estero sono state spinte dall'intento di aumentare la propria presenza diretta sul mercato estero, mentre il 14% investe per sviluppare accordi su nuove tecnologie con imprese locali, focalizzando sempre di più l'attenzione per l'innovazione e la ricerca. Le imprese che vogliono investire per avere vantaggi economici rappresentano il 9%, invece quelle che si spostato all'estero per una maggiore qualità della filiera produttiva rappresentano il 7%.

Le motivazioni che portano le aziende non familiari (medie - grandi dimensioni) ad investire all'estero sono di servire meglio i mercati locali e non, come contrariamente si può pensare, per ridurre i costi di manodopera. Allo stesso tempo, rispetto al passato la presenza di aziende italiane all'estero è aumentata di più per le aziende familiari (74%), che per le aziende non familiari (65%). Per le aziende di piccola dimensione in questo dato è in crescita per via dalla crisi economica e per la necessità, per alcune imprese, di conseguire maggiore competitività sui costi.

Per quanto riguarda i rapporti con i fornitori esteri, emerge dal rapporto, che il 92% delle aziende oggetto di analisi non ha effettuato alcun accordo con *partner* esteri con i quali non ha legame di proprietà; il 4% delle aziende ha effettuato accordi di produzione; il 2% ha effettuato accordi di *joint venture* e infine, un 2% hanno stipulato accordi di *licensing*.

Tutti questi accordi sono stati siglati con fornitori perlopiù dell'area europea (44%); successivamente sono stati contratti accordi con terzi di origine asiatica (Cina e Hong Kong) per il 15% dei casi; infine il 20% di imprese italiane si sono rivolte a fornitori oltre oceano (Stani Uniti e America del Sud).

1.7.3. Un'analisi della delocalizzazione a livello di distretti produttivi

Il distretto industriale di Prato

La forte pressione competitiva sta richiedendo alle aziende una continua analisi delle proprie scelte produttive, organizzative e commerciali.

Il distretto tessile di Prato, nella regione Toscana, è specializzato nella produzione di tessuto e abbigliamento; questa attività si accentra soprattutto nella produzione di tessuti, maglieria e filati. In questo distretto è stato prodotto un fatturato nell'anno 2014 pari a 4.192 (49) (valore espresso in milioni di euro) per quanto riguarda il settore della moda.

Le strategie che dovranno essere attuate in risposta all'evoluzione che stanno caratterizzando i mercati, si riflettano sulla filiera produttiva, con la conseguenza di riorganizzare le varie fasi produttive.

Per quel che riguarda il distretto tessile di Prato sono state identificate dagli studi (50) tre tipi di cambiamento che le aziende devono affrontare in questi anni. La prima riguarda la scelta di *Make or Buy*, che è stata risolta applicando un decentramento produttivo all'interno del distretto. Invece, non è stato ancora risolto il problema dell'allungamento delle reti della subfornitura, compiuta rivolgendosi a imprese estere al distretto, in Italia e all'estero.

Il secondo tipo di cambiamento riguarda l'innovazione e il capitale umano, le uniche due leve sulle quali le aziende possono puntare per mantenersi competitive nei mercati nei quali non possono controllare il prezzo; le aziende, però, dovranno affrontare una serie di problematiche legate alle manovre esistenti per l'innovazione di prodotto, le conoscenze disponibili sul territorio che rendono possibili queste innovazioni e, la possibilità di riprodurre sul territorio competenze che si stanno disperdendo. Infine, il terzo tipo di cambiamento riguarda il contesto di forte internalizzazione del distretto pratese, composto perlopiù da imprese di piccole e medie dimensioni non abituate ad aggredire e presidiare i mercati.

Le imprese che costituiscono il distretto tessile di Prato, lavorano per conto di terzi e vendono il proprio prodotto localmente, creando una rete fitta di subfornitura con specializzazione di fase che comportano un'elevata flessibilità del sistema. Solo una piccola parte della produzione viene esportata all'esterno, soprattutto al Nord Italia, in minoranza al sud e all'estero.

Le imprese si riforniscono principalmente dai produttori locali e utilizzano la subfornitura sia per esternalizzare parte della lavorazione che di solito viene svolta al proprio interno, acquisendo una maggiore flessibilità nella gestione dei picchi di produzione sia per la diversificazione richiesta dalle aziende che eseguono prodotti differenti dal *core business*; in questo caso la delocalizzazione della produzione non rappresenta una scelta strategica, bensì un ricorso a tecnologie e *know-how* di cui le aziende non dispongono.

Nel caso di aziende finali, di solito costituite da piccole aziende che non possiedono tecnologie necessarie per realizzare prototipi e campioni, quindi si rivolgono a sub-fornitori di dimensioni più grandi che svolgono al proprio interno tale attività, decentrando le campionature.

Il decentramento della produzione avviene soprattutto all'interno del distretto pratese o nel territorio della regione

Toscana; ciò avviene perché le strategie di prodotto delle aziende pratesi necessitano un elevato grado di organizzazione lungo la filiera, realizzabile solo in presenza di una vicinanza tra le imprese committenti e subfornitrici: i prodotti del tessile pratese si devono adattare, alle richieste della moda, con produzioni di piccole serie e consegne in tempi brevi, per questo non riescono ad adattarsi a livello ottimale all'allungamento delle reti di subfornitura.

Ci sono stati dei casi di allungamento della rete a partire dagli anni '80, quando vennero introdotte per la prima volta fibre diverse dalla lana (cotone, lino, seta e fibre sintetiche) per affrontare prontamente le esigenze della moda; questo, comportò anche un allungamento della filiera oltre i confini distrettuali, notando che non apportava un impoverimento del distretto ma si garantiva una varietà di campionario e quindi una migliore capacità di rispondere alle richieste del mercato e della moda. L'allungamento della rete che è stato apportato in questi anni, invece, comporta vere e proprie sostituzioni della filiera pratese, indipendentemente dalla fibra da trattare. Inoltre, all'allungamento della rete attraverso il coinvolgimento di subfornitori esterni, attualmente, si stanno affiancando veri e propri episodi di delocalizzazione. I primi casi sono stati avviati dal 2002, diretti verso i paesi dell'est Europa (Romania, Polonia, Slovacchia), scelti per la vicinanza con il distretto e per i potenziali sbocchi su nuovi mercati come quello russo e, infine, per reperire la manodopera già qualificata e in gradi di sostenere standard qualitativi elevati con un ridotto costo del lavoro. (51)

Le aziende che decidono di delocalizzare delle attività, si orientano sempre di più verso il continente asiatico, le destinazioni più ambite sono Cina e India; in questo caso gli imprenditori pratesi competono in modo simmetrico con le

aziende concorrenti e a servire meglio la domanda di tutta la grande distribuzione che confeziona molta della propria merce nel Sud. Est Asiatico (Indonesia, India, ecc.). Negli altri distretti (ad esempio quello di Biella), la delocalizzazione ha colpito i produttori di filati, ramo nel quale avviene una competizione basata sui costi e nel quale è minore la possibilità di ricorrere al riconoscimento e alla valorizzazione del marchio e della qualità come strategie competitive.
In conclusione, la delocalizzazione negli altri rami, è poco diffusa, frenata dagli investimenti di tipo finanziario e dall'orientamento verso produzioni di qualità e con una forte componente di servizio di consegna e di varietà delle produzioni che male si prestano alla gestione di reti lunghe e a processi di esternalizzazione.

Il distretto tessile di Carpi

Il distretto di Carpi è situato in Emilia Romagna, tra le provincie di Modena e Reggio Emilia (52). Il centro nevralgico del distretto comprende cinque comuni nella zona nord occidentale della provincia di Modena (Carpi, Cavezzo, Corcordia sulla Secchia, Novi di Modena e San Possidonio) dove avviene la produzione di maglieria e confezioni in tessuto, soprattutto di abbigliamento femminile.
I tipi di prodotti che vengono realizzati all'interno del distretto si possono raggruppare in quattro parti (fig. 1.8): confezione in tessuto che rappresenta il 49,9% del fatturato complessivo del distretto, la maglieria esterna (44,8%) e l'intimo (4,9%) e infine in modo marginale c'è la produzione di accessori che costituisce lo 0,4% del fatturato che viene stimato nel 2014 pari a 1.199,9 mln (53) €.

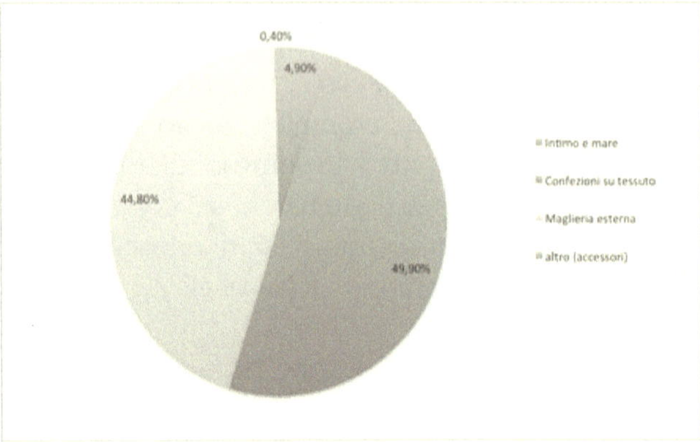

Fig. 1.8 – Fatturato delle imprese finali per prodotto offerto nel distretto di carpi (2008) - adattamento

Per quanto riguarda l'organizzazione della filiera, tutte le imprese del distretto svolgono tutte le fasi che costituiscono la produzione della maglieria e abbigliamento, cioè la tessitura del filato e la colorazione; il disegno, la modelleria, il taglio e la confezione del capo d'abbigliamento, lo stiro, il controllo finale del prodotto finito. All'esterno del distretto, invece, si svolgono attività connesse alla produzione di macchinari e al reperimento delle materie prime.

Le aziende del distretto sono riuscite a realizzare il sistema del pronto moda, che ha consentito loro di rispondere in tempi brevi a tutte le esigenze del mercato e di offrire un'ampia gamma di modelli, perseguendo una strategia di differenziazione dell'offerta; questo consente alle imprese di proporre sempre nuovi capi e confrontarsi con le diverse esigenze che il mercato impone.

Quasi tutte le imprese finali (il 91,5%) affidano almeno una parte della propria produzione a terzisti locali oppure (il 61,4%) a subfornitori nella provincia di Modena e di Reggio

Emilia. È presente anche la delocalizzazione produttiva in altre regioni italiane o in paesi esteri a basso costo. L'esternalizzazione riguarda tutte le fasi del processo produttivo: tessitura, taglio, confezioni di capi, tintoria, stiro, controllo e imbusto dei capi finiti, e a volte la spedizione dei prodotti finali.

Le tipologie produttive realizzate all'interno del distretto riguardano: la confezione su tessuto, la maglieria esterna e l'intimo.

Il distretto di Carpi

Il distretto di Carpi, dopo quello di Prato, è caratterizzato da un'alta integrazione verticale (fig.1.9), anche se in misura minore rispetto a quello toscano (1). Nel distretto di Carpi, tutte le imprese finali decentrano le lavorazioni ad altre imprese: la maggior parte delle aziende affida all'esterno tutte le fasi del ciclo produttivo, lasciando al proprio interno solo attività terziarie come la progettazione e commercializzazione del prodotto, acquisto di materie prime e il coordinamento e il controllo della produzione esterna.

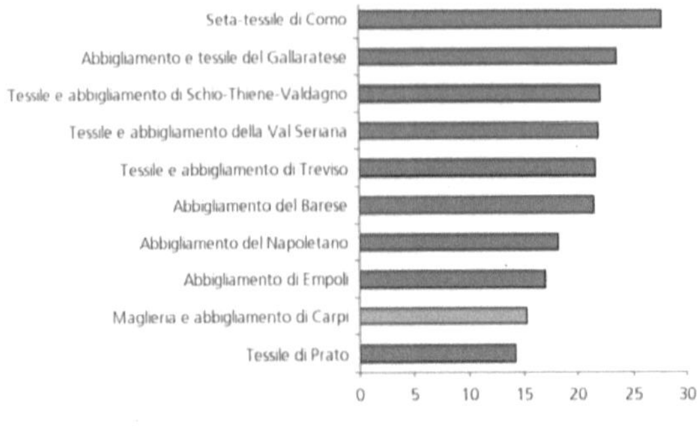

Fig. 1.9 – grado d'integrazione a confronto (valore aggiunto in% del fatturato, valori mediani), 2008

Quasi tutto il decentramento produttivo avviene in Italia, specialmente all'interno di del distretto, solo il 14,2% dei casi delle imprese si rivolge parzialmente o totalmente a paesi esteri a basso costo (Fig. 1.10).

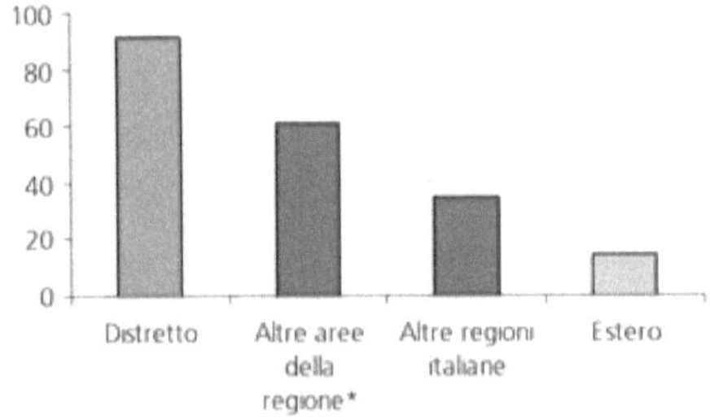

* compresi gli altri comuni della provincia di Modena. L'osservatorio R&I considera come parte del distretto i comuni di Carpi, Cavezzo, Concordia, Novi e S. Possidonio
Fonte: R&I, 2009

Fig.1.10 – imprese finali per area geografica di localizzazione del decentramento produttivo (2008)
Fonte: Intesa San Paolo

Il grado di delocalizzazione produttiva delle imprese del distretto è ancora contenuto, riflettendo la specializzazione dell'area di Carpi su piccole serie di produzione di prodotti molto differenziati.

La delocalizzazione all'estero è utilizzata quasi esclusivamente per fasi di produzione di bassa qualità, lasciando all'interno del distretto la produzione di capi collocati nella fascia prezzo/qualità medio-alta; per i prodotti, invece di media- bassa qualità vengono realizzati in serie e programmati delle aziende di medio-grandi dimensioni (fig. 1.11).

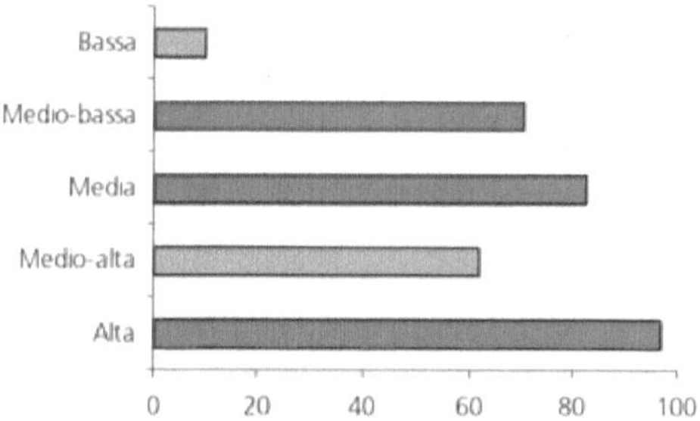

Fig. 1.11 – Quota di fatturato con prodotti realizzati completamente in Italia per fascia di prezzo prevalente (2008)
Fonte: R&I, 2009

Tra il 2005 e il 2008 è aumentato il ricorso a produttori esterni per la produzione di serie più lunghe. In particolare, è cresciuta la delocalizzazione della produzione rivolgendosi a imprese localizzate in Cina, le quali gestiscono tutte le fasi del processo produttivo: dal reperimento delle materie prime alla realizzazione del prodotto finito. Per le imprese che producono maglieria, hanno avviato una delocalizzazione produttiva all'estero contrattando con fornitori situati nell'est Europa (Repubblica Ceca, Romania, Slovacchia e Moldavia) e in Tunisia.

I Segreti svelati in questo capitolo

L'esternalizzazione porta le aziende a riorganizzarsi dal punto di vista della produzione, distribuzione e logistica su scala mondiale (55). In questo modo le imprese hanno la possibilità di fronteggiare con maggiore successo le difficoltà che nascono da una domanda sempre più flessibile e differenziata e una costante concorrenza internazionale.

Attraverso la delocalizzazione internazionale della produzione, le aziende rafforzano la loro presenza nei mercati in cui erano già presenti e si fanno spazio in mercati in forte crescita; inoltre, hanno la possibilità di concentrarsi di più sulle attività legate al *marketing*, alla distribuzione e finanziare nuove strategie commerciali con l'investimento in punti vendita a gestione diretta in paesi esteri. La produzione, se trasferita a terzi diventa così una vera e propria *commodity* (56), cioè un'attività con poca più rilevanza rispetto all'imballaggio di un prodotto o del suo trasporto. Dopo la produzione la delocalizzazione ha riguardato altra attività primarie della catena del valore, come la logistica, la distribuzione, il *marketing*, per arrivare ai processi di ricerca e sviluppo.

La delocalizzazione può consentire alle aziende di apportare un miglioramento dal punto di vista funzionale all'interno delle attività che costituisco la catena del valore, di accrescere l'esperienza e di imparare. *L'outsourcing* può essere una grande opportunità per le imprese italiane per continuare a essere competitive anche in settori divenuti saturi; può lasciare a livello locale competenze strategiche per l'azienda che sono decisive per la competitività.

Questo è un processo però, che non tutte le aziende adottano, in quanto molte imprese continuano a conservare l'intera catena del valore in Italia, a volte anche tramite subforniture a livello distrettuale; questo avviene in quelle aziende con prodotti molto differenziati o con gamme produttive molto ampie, con prodotti di fascia di mercato molto alta o che necessitano di manodopera molto qualificata e con un *time to market* (fase che inizia nel momento in cui avviene l'ideazione di un prodotto fino alla sua effettiva commercializzazione) molto breve, con frequenti collezioni e riassortimenti.

La delocalizzazione non è una scelta che si deve intraprendere obbligatoriamente, in quanto non è semplice: ci saranno dei risparmi in termini di costi sul lavoro che andranno confrontanti con l'aumento di costi di controllo, coordinamento e trasporto. Generalmente, il ricorso alla delocalizzazione rappresenta un'ottima strategia organizzativa per accrescere la competitività delle aziende (57), tuttavia, non sempre l'esternalizzazione consente di risolvere tutti i problemi di competitività delle aziende e non esiste una formula stabilita per valutare la convenienza di questa operazione e per decidere quale attività della catena del valore delocalizzare. Le valutazioni in oggetto vanno fatte caso per caso, considerando diversi fattori: caratteristiche gestionali dell'azienda, la cultura aziendale, le relazioni che si sono instaurate all'interno e all'esterno e la qualità delle risorse.

Concludendo si può affermare che se l'outsourcing apporta realmente dei benefici che contraddistinguono l'azienda rispetto ai suoi *competitors* sul mercato, allora è un'operazione che si deve intraprendere; i benefici non devono essere solo di carattere economico (riduzione dei costi) ma si devono anche valutare le implicazioni strategiche e tutti i rischi corrispondenti.

2. BACK TO HOME: IL RESHORING

2.1. Il *Reshoring*: concetti introduttivi

Nonostante la crisi a livello mondiale, il *Made in Italy* ha registrato in questi ultimi anni un grande successo a livello globale, anche superiore rispetto agli anni precedenti. Infatti con questo marchio, a livello manifatturiero, si intende la produzione, non solo all'interno dei confini nazionali, ma anche svolta da artigiani specializzati che, nei diversi settori, preservano e lasciano in eredità negli anni, un *know-how* produttivo, riconosciuto e apprezzato come eccellenza a livello internazionale. Negli ultimi venti anni ci sono state diverse delocalizzazioni produttive da parte di aziende italiane in paesi in cui la manodopera ha un basso costo (ad esempio Cina, Romania, Serbia). Diverse aziende manifatturiere, hanno intrapreso una grande migrazione verso i paesi dell'Est asiatico, motivati dalla riduzione dei costi di produzione di circa il 30% - 40% (58), aprendo degli stabilimenti o intraprendendo rapporti di collaborazione con aziende locali (ad esempio attraverso accordi di *Joint Venture*), approfittando di diversi vantaggi di carattere economico: dazi favorevoli, tassi di cambio a livelli bassi e soprattutto manodopera, non specializzata, a basso costo.

Tuttavia, negli ultimi anni, questi processi di delocalizzazione massiccia stanno mostrando anche lacune e stanno mettendo in luce problematiche inattese. La scarsa qualità dei processi produttivi e degli *output* che in alcuni casi vengono prodotti nei paesi in cui le aziende hanno delocalizzato, hanno portato un allontanamento della *mission* che rendeva le aziende italiane celebri in tutto il mondo, caratterizzato da eccellenza e differenziazione e quindi è stata intaccata l'immagine del *Made in Italy*. Le aziende italiane hanno quindi cominciato a percepire la minaccia dei *competitors* che fondono il proprio vantaggio competitivo sul basso costo e per rispondervi hanno iniziato a intraprendere una politica di *price competition*, tralasciando ulteriormente gli aspetti qualitativi.

Inoltre, nel corso degli ultimi anni, a fronte dell'aumento dei dazi, salari e altri costi legati alla produzione in corso nei paesi asiatici, è iniziato un cambio di rotta anche sul fronte dei costi: si sta manifestando un'ondata migratoria della produzione verso il paese di origine, definito "*back reshoring*" oppure "*reshoring*".

Il *back reshoring*, termine coniato nel 2012 negli Stati Uniti, viene attribuito al "rientro di tipi di produzione scelti dai paesi con manodopera a basso costo in quelli d'origine" (59). In questo caso vengono trasferiti tutti quei processi produttivi che richiedono l'intervento di personale specializzato per il *design* del prodotto e lo sviluppo di stampi e attrezzature.

I motivi che stanno portando alcune aziende a ritornare in patria sono molteplici. Nei paesi in cui il costo della logistica che in passato era molto basso in questi anni tende ad aumentare, inoltre la differenza del costo del personale del paese d'origine rispetto a quello dell'estero non è più così spropositato rispetto agli anni passati, e la qualità del lavoro di manifattura è certamente inferiore rispetto a quello dei prodotti che vengono creati e prodotti dagli artigiani e dal personale specializzato in Italia.

Infine, con il *Made in Italy* si intende un prodotto realizzato in Italia e da forza lavoro locale, aspetto che il mercato , soprattutto a livello globale, richiede in termini di produzione di intera filiera.

2.2. Il fenomeno

Nei decenni passati, per far fronte a una competizione sempre più accentuata, i *manager* delle varie aziende si sono concentrati sulle azioni più efficaci e rapide per recuperare efficienza, spostando le proprie attività verso i paesi in cui il costo del lavoro è inferiore, strumento utilizzato poiché rappresentava la strada più rapida per conseguire vantaggi di breve termine (60).

Tali scelte hanno portato i *manager*, soprattutto quelli delle aziende manifatturiere in cui il fenomeno della delocalizzazione è stato più avvertito proprio perché incide maggiormente il costo del lavoro, a dover modificare, a volte, anche inconsapevolmente, la propria strategia competitiva, concentrandosi perlopiù sui costi di produzione (e sul prezzo finale di vendita) piuttosto che sulla qualità e sulla differenziazione di prodotto. Tale cambiamento ha comportato un allontanamento da parte delle aziende dal proprio vantaggio competitivo, trovandosi a percorrere una strategia di *price competition*; pratica non adatta ad aziende di tipo manifatturiero che nascono per competere sul mercato attraverso la qualità dei propri prodotti e non una competizione basata sul prezzo praticato (61). Da qui nasce la scelta da parte di alcuni *manager* di intraprendere un cambio di rotta e riportare totalmente o parzialmente la produzione in patria al fine di ritornare a fondare il loro vantaggio competitivo sulla qualità e differenziazione produttiva.

Come visto nel capitolo precedente, in Italia, il trasferimento, totale o parziale, di linee produttive in paesi a basso costo del lavoro ha interessato non solo singole imprese di grandi dimensioni, ma anche interi distretti industriali di piccola e media impresa, i quali hanno "tolto" pezzi di filiere produttive che precedentemente erano situati nel territorio nazionale.

Le conseguenze più evidenti sui territori di partenza sono state a carico dei mercati del lavoro, che hanno messo in evidenza le problematiche legate tra delocalizzazione, deindustrializzazione (riduzione dell'attività industriale in una determinata nazione o città) e disoccupazione.

È difficile valutare le perdite in termini di occupazione nell'Unione Europea per effetto della delocalizzazione, si stima che siano andati perduti oltre sei milioni di posti di lavoro (62). Negli ultimi anni, dopo decenni di delocalizzazione, ci sono i segnali di un rallentamento dei flussi in uscita e degli investimenti all'estero, ma anche di un ritorno delle produzioni nei paesi di origine delle imprese (63) (UNCTAD, 2013).

Il primo segno è arrivato dagli Stati Uniti, dove grandi multinazionali, come Apple, General Electric, Google, Caterpillar, Ford, ma anche aziende di piccola dimensione, hanno riportato in patria la produzione o hanno aumentato la capacità produttiva degli impianti esistenti.

Anche in Europa si sono manifestati segnali significativi che hanno attratto l'attenzione dell'Unione Europea, che ha dichiarato l'intenzione di contrastare il declino dell'industria nei paesi comunitari, in particolare nelle vecchie regioni industriali. In una prospettiva di reindustrializzazione, nel 2014, la Commissione Europea ha adottato l'Industrial Compact, con il fine di portare la quota di Pil del settore secondario, attualmente al 15,2% al 20%, entro il 2020. (64)

Il primo paese che è stato interessato dal fenomeno del "*back reshoring*" sono stati gli Stati Uniti (fig. 2) nei quali si registra il più alto numero di rientri (151 di cui il 60% fa ritorno dalla Cina). Per alcune aziende il *reshoring* ha riguardato alcune delle attività delocalizzate, specialmente quelle ad alto contenuto strategico. Interessante è notare che subito dopo gli Usa (che registra 151 rientri, di cui 60% fa ritorno dalla Cina), il secondo paese interessato dal *reshoring* è proprio l'Italia, seguita da UK e Germania. Anche per le aziende italiane ci sono stati dei ritorni in patria dalla Cina (26 casi) a cui si aggiungono altri paesi asiatici, tra i quali il Vietnam (fig. 2.1).

Il settore che è stato più colpito dal rientro in patria è quello che aveva subito per prima la pressione competitiva dei *competitors* esteri: tessile, abbigliamento e calzature che rappresentano più della metà delle aziende italiane rimpatriate (65).

Recentemente, sono stati diffusi anche alcuni dati relativi ad altri paesi europei (Austria, Croazia, Danimarca, Finlandia, Olanda, Slovenia, Spagna e Svizzera) derivanti dall'*European Manufacturing Survey* (66) (EMS) svolta nel 2009. Le evidenze raccolte mostrano una significativa differenza tra i vari paesi europei in relazione al fenomeno del *back-reshoring* nel periodo 2007-2009. In questo periodo sono state realizzate delle iniziative per il 2% in Germania e per il 7% in Spagna e Danimarca (67).

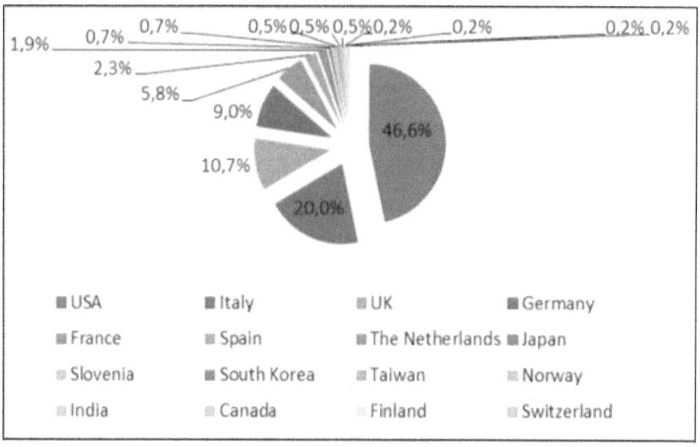

Figura 2 – Back – resshoring: ripartizione in base al paese "abbandonato" (dati a livello mondiale).
Fonte: Uni – CLUB back resoring research group.

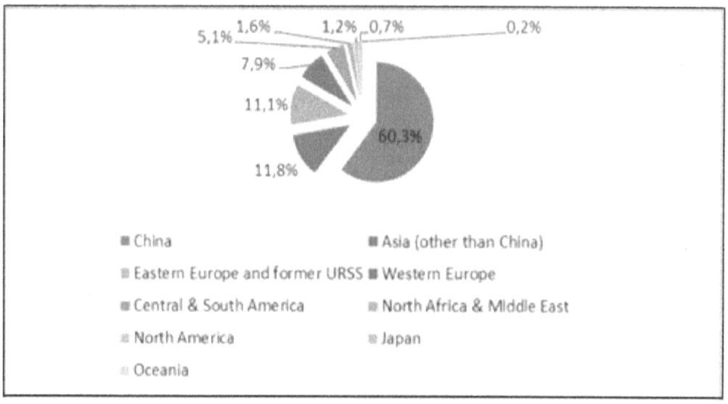

Fig. 2.1 – Back – reshoring: ripartizione per paese di origine (dati a livello mondiale).
Fonte: Uni – CLUB back resoring research group.

2.2.1. Il *back-reshoring*: analisi della letteratura

Nella letteratura internazionale, il fenomeno del ritorno delle produzioni in patria viene definito con diversi termini; questo conferma la difficoltà di collocarlo nell'ambito dei processi di internalizzazione già conosciuti.

Oltre al più diffuso *back-reshoring*, vengono utilizzati *re-shoring*, *in-shoring*, *reverse off-shoring*, *on-shoring*, *reverse globalization*, mentre in ambito nazionale di parla di rilocalizzazione, contro-delocalizzazione o delocalizzazione di ritorno (68).

La conoscenza sul tema *reshoring* è limitata e frammentata, in particolar modo nella letteratura accademica (69), Micheal Fields, ex presidente di Oracle USA, fu il primo a utilizzare il termine "*back-shoring*" pubblicamente in un'intervista rilasciata al mensile Fortune sul tema delle rilocalizzazione dall'India nel settore dell'*Information Technologies* (70). La definizione del termine viene individuata come "rilocalizzazione geografica di un'attività operativa funzionale creatrice di valore da un luogo estero verso la nazione d'origine dell'impresa" (2009,156). Secondo altre definizioni (71) per *manufacturing back-shoring* si intende "una strategia aziendale volontaria orientata alla parziale o totale rilocalizzazione di una produzione precedentemente delocalizzata (in modalità di *in-sourcing* o di *out-sourcing*) nel paese di origine dell'impresa stessa (o in un'area prossima al paese di origine nel caso del c.d. *near-shoring*)" (72). In sostanza il *back-shoring* è l'operazione inversa al processo di delocalizzazione; si procede con il rientro nel paese di origine o in uno vicino, quando l'esternalizzazione non ha prodotto un esito positivo rispetto alle aspettative sperate dell'azienda.

Per constatare che il processo di *back-shoring* si stia verificando, devono verificarsi tre fasi successive (73):

- **Prima fase** - L'azienda decide di procedere alla delocalizzazione in un paese estero;

- **Seconda fase** - La produzione viene ricollocata all'estero e tutte le attività vengono svolte all'esterno dei confini nazionali;

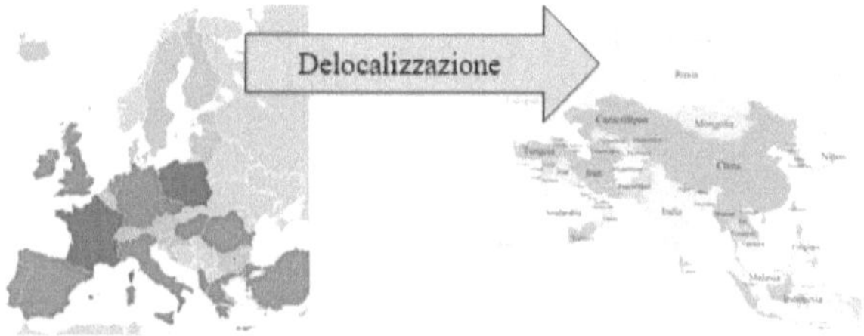

Fig. 2.2 – Delocalizzazione Produttiva al paese d'origine al paese in cui avviene la delocalizzazione.

- **Terza fase** - Dopo un periodo, l'azienda decide di riportare in patria tutto il processo: il *back-shoring* avviene nel momento in cui è stato intrapreso un processo di esternalizzazione di parte o tutta la produzione.

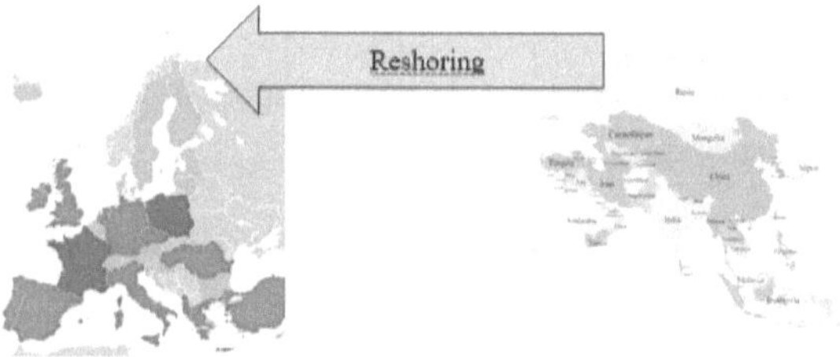

Fig. 2.3 – Reshoring dal paese in cui è stat in passato trasferita la produzione verso il paese d'origine.

L'azienda può decidere di intraprendere un rientro totale o parziale del processo produttivo. Di solito, le imprese procedono facendo rientrare inizialmente solo una parte e poi il resto del processo di produzione *step by step* in modo progressivo, nel caso lasciando operative nel paese estero solo alcune delle attività produttive.

Recentemente, il fenomeno è stato preso in analisi da alcuni studiosi statunitensi (74), i quali sono concordi a definire il *reshoring* come la decisione con cui l'attività produttiva viene "riportata a casa" (75). Inoltre, questi studiosi indicano quattro tipologie diverse di *reshoring*, in base alle forme di governo adottate:

- *In house re-shoring*: quando le attività manifatturiere che sono state trasferite all'estero in strutture di proprietà della casa madre vengono in un secondo momento svolte in strutture nazionali di proprietà della medesima impresa. Ad esempio, (76) l'azienda Luna SpA, produttrice di giocattoli, fa parte di un gruppo denominato Stella SpA. La Luna SpA decide di delocalizzare la propria produzione in stabilimenti di proprietà della casa madre in Serbia per ridurre i costi di una linea di produzione. Nel corso degli anni decide di riportare la produzione in Italia affidandola ad aziende nazionali che fanno parte del gruppo Stella SpA, perché non erano rispettati gli standard qualitativi imposti dalla Luna Spa da parte dell'azienda Serba.

- *Outsourced re-shoring*: quando le attività che prima erano svolte in strutture estere vengono trasferite a fornitori nazionali. Ad esempio, l'azienda il Tacco SpA per tagliare i costi della produzione di scarpe per il tempo libero, decide di delocalizzare la produzione di questo prodotto in Cina.

Negli anni, l'azienda non più soddisfatta della qualità del prodotto ottenuto dallo stabilimento cinese, si rivolge ad una PMI del territorio italiano alla quale affida la produzione.

- *Re-shoring for outsourcing*: quando la produzione dopo essere stata affidata a impianti esteri di proprietà dell'azienda sono affidate a fornitori nazionali. Ad esempio, l'azienda Paradiso delle Donne, la quale è a capo di un gruppo di aziende produttrici di accessori per donna, decide di avviare una delocalizzazione parziale della produzione in uno stabilimento di proprietà del gruppo in Repubblica Ceca. Dopo due anni la produzione viene trasferita ad una azienda di medie dimensioni che non fa parte del gruppo, in Italia perché i costi di trasporto delle materie prime dall'Italia alla Repubblica Ceca sono raddoppiati e quindi non più convenienti.

- *Re-shoring for insourcing*: quando le attività manifatturiere inizialmente svolte presso fornitori esteri sono affidate a unità produttive domestiche di proprietà dell'impresa. Ad esempio, l'azienda Motor SpA produttrice di autoveicoli con due stabilimenti in Italia, decide di tagliare i costi di produzione e delocalizzare la produzione degli interni dell'auto in Romania. Dopo tre anni dall'esternalizzazione, i costi di produzione non si sono abbassati nel modo previsto e si decide di trasferire la produzione in uno degli stabilimenti situati in Italia.

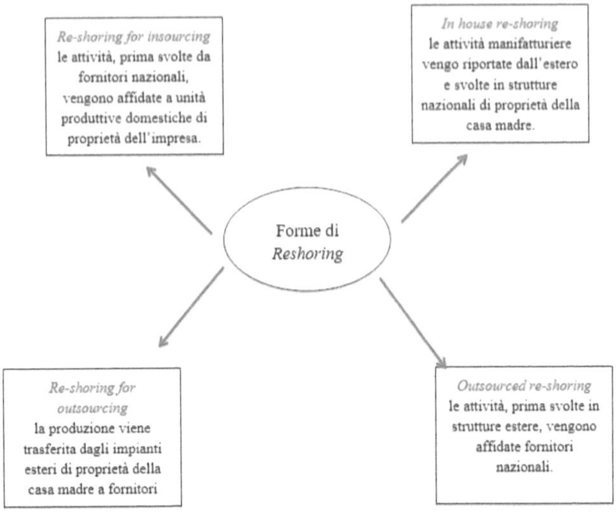

Il fenomeno del *back-reshoring* si contraddistingue per i seguenti elementi specifici:

- **l'ampiezza delle attività rilocalizzate**: con la de-internalizzazione riguarda tutta l'intera filiera controllata estera o alcune attività della catena del valore, il *back-reshoring* concerne solo le attività produttive; per questo il fenomeno può essere considerato un caso particolare di de-internazionalizzazione parziale;

- con il back-reshoring si verifica una **continuazione dell'attività oggetto di rientro** (produzione/fornitura); invece, nel caso di disinvestimento l'attività potrebbe anche cessare del tutto;

- **la proprietà, le modalità di controllo e governo delle attività di produzione**: la de-internazionalizzazione si riferisce alla dismissione di attività estere controllate in ordine gerarchico dall'impresa, nel *back-reshoring* l'oggetto del rientro in patria potrebbe riguardare anche attività svolte da fornitori di paesi esteri;

- **la provenienza geografica delle attività oggetto di rientro**: nel disinvestimento internazionale la rilocalizzazione delle attività può essere svolta in scala internazionale, nel *back-reshoring* è prevista il trasferimento della produzione o fornitura nel paese di origine;

- **la volontarietà della decisione strategica**, per ciò il back-reshoring è una scelta deliberata e non la conseguenza di ordini dettati da fornitori esteri.

Sulla base di queste caratteristiche, la definizione di *back-reshoring* si può identificare come una "strategia d'impresa – deliberata e volontaria – orientata alla ri-localizzazione domestica (parziale o totale) di attività svolte all'estero (direttamente o presso fornitori) per fronteggiare la domanda locale regionale o globale" (77).

Secondo Benito (78) et al. (2009; 2011), il processo di esternalizzazione può avvenire attraverso diverse modi. L'impresa può decidere di confermare le proprie decisioni di localizzazione o di mutare optando per una delle seguenti alternative (in ogni caso, viene valutato sia la modalità *in-sourcing* che quella *out-sourcing;* inoltre, si comprende anche il trasferimento parziale o totale dell'attività produttiva):

- trasferire la propria attività produttiva in un altro paese straniero (es. India) più lontano rispetto a quello in cui era stata collocata inizialmente la produzione (es. Romania). In questo caso le aziende aumentano l'intensità delle proprie strategie di *off-shoring* e per questo si può parlare di "*off-shoring* di secondo livello";

- ricollocare la produzione già esternalizzata in un nuovo paese straniero che appartenga alla stessa "regione" in cui è situata la casa madre. In questa circostanza si può parlare di *near-reshoring*;

- far rientrare la produzione nel paese di origine della casa madre. In questo caso si realizza una strategia di *back-reshoring*.

Da questo si può comprendere che il *back-reshoring* può essere una possibile fase del processo di internalizzazione manifatturiera dell'impresa. Vale a dire, che la decisione iniziale di delocalizzare la produzione o una delle fasi non avviene una volta e per sempre, ma, può essere soggetta a ripensamenti da parte del *management*.

2.3. Motivi del ritorno in patria

La lunghezza e la complessità della *supply chain* può assumere in alcuni casi, dimensioni e caratteristiche di dimensione tale che potrebbero stimolare un'analisi più approfondita sull'influenza di quest'ultime sulla scelta di rilocalizzazione.

Se vengono analizzati i *drivers* che influiscono sulla scelta del *back-reshoring*, emergono predominanti in letteratura l'incremento continuo dei costi d'acquisto praticato dai fornitori internazionali e i problemi legati alla qualità delle forniture estere, a cui seguono i tempi di consegna che non sempre vengono rispettati e, una problematica che apporta dei grandi disagi per gli imprenditori del settore abbigliamento e tessile, l'aumento dei quantitativi minimi di produzione imposti dai fornitori internazionali i quali esercitano nei confronti dei clienti nazionali un forte potere contrattuale (79). Questo, incide negativamente sulla redditività e sul livello di servizio, in quanto consuma spesso la marginalità sui singoli prodotti; infatti, per consentire il loro lancio in produzione vengono acquistati in quantità superiore rispetto a quella del venduto, oppure cancellati dalla produzione a danno dei clienti finali e dell'immagine dell'azienda (fig. 2.4).

Inoltre, bisogna considerare le problematiche che nascono dalla situazione sociale e del mercato del lavoro nei paesi d'origine delle forniture: le pretese salariali, le turbolenze nel tessuto industriale locale, l'instabilità politica e sociale, che possono generare perdite consistenti per le piccole e medie imprese. Infine, è da considerare l'aumento dei costi di trasporto, le problematiche doganali, l'incertezza dei prezzi d'acquisto e lo squilibrio finanziario generato dall'anticipato pagamento della merce importata.

Incremento dei costi d'acquisto nelle forniture estere	6
Problemi di qualità nelle forniture con l'estero	6
Tempi di consegna incerti	5
Quantitativi minimi di produzione aumentati	4
Situazione sociale instabile nei paesi di fornitura	3
Costi di trasporto crescenti	2
Problemi nelle operazioni doganali	2
Eccessivo peso sull'equilibrio finanziario	1
Prezzi d'acquisto incerti	1

Fig. 2.4 – Drivers della rilocalizzazione
Fonte: Baldassarre, Salomone S. Santovito S. Silvestri R...

Tra le difficoltà e i limiti nell'attuazione della strategia di rilocalizzazione produttiva, in base a uno studio condotto su 4 aziende, emergono come principali fattori che frenano tale scelta i seguenti (80):

- la scarsa reperibilità della manodopera qualificata da impiegare nei processi produttivi specifici;

- i macchinari e le attrezzature acquistate per produrre un determinato bene non sono riutilizzabili, affinché si possa garantire la capacità produttiva pari ai quantitativi importati dall'estero;

- l'investimento da sostenere (annuale) per l'acquisto e la manutenzione di nuovi impianti è più elevato rispetto all'investimento in termini di fornitura all'estero;

- i tempi di ricostruzione del *know-how* specifico per i processi produttivi è di circa 2 anni.

Nonostante tali difficoltà, in base a tale studio è stato riscontrato che le aziende valutano in termini positivi il *back-reshoring*. Inizialmente si optava per una strategia di delocalizzazione determinata dalla volontà speculativa sui differenziali di costo dei fattori produttivi e dalla minaccia di fuoriuscita dal mercato. Attualmente, in questo contesto competitivo, si sta sviluppando un'evoluzione constante e accelerata dei mercati di approvvigionamento internazionali, e c'è un leggero riequilibrio delle asimmetrie di costo dei fattori produttivi, che spinge le aziende esaminate a non tralasciare l'ipotesi di ritorno della produzione in Italia (Fig. 2.5).

Incremento dei costi d'acquisto nelle forniture estere	6
Problemi di qualità nelle forniture con l'estero	6
Tempi di consegna incerti	5
Quantitativi minimi di produzione aumentati	4
Situazione sociale instabile nei paesi di fornitura	3
Costi di trasporto crescenti	2
Problemi nelle operazioni doganali	2
Eccessivo peso sull'equilibrio finanziario	1
Prezzi d'acquisto incerti	1

Fig. 2.4 – Drivers della rilocalizzazione
Fonte: Baldassarre, Salomone S. Santovito S. Silvestri R...

Va infine sottolineato, come evidenziato dagli studi in merito, che il ritorno della produzione nel paese d'origine è coerente con la concezione razionale dell'ambiente competitivo in cui l'estensione di interazioni, collaborazioni e alleanze, può comportare maggior valore per tutti i componenti della rete relazionale (*partner*, fornitori, clienti), concezione del settore e del mercato diversa rispetto a quella tradizionale in cui l'impresa ricerca la propria competitività attraverso l'esercizio di potere generatore di conflitti (ad esempio, una scelta di delocalizzazione produttiva per ridurre il costo legato alla forza lavoro). Nella rete relazionale, perfezionare le capacità dinamiche attraverso le relazioni con gli altri attori, fa nascere ulteriori competenze distintive; questa riorganizzazione in loco dei fattori produttivi e delle relative forniture e l'instaurazione di un *network* d'imprese diventano cruciali per l'efficacia del *back-rehoring* (81). Con il *back-reshoring* si ritorna alla tradizionale logica di legittimazione dell'impresa nel proprio territorio, per la quale la generazione di profitto era fonte di benefici sociali; perciò, il *reshoring* ha recentemente assunto rilevanza nel dibattito sulle politiche industriali per affrontare e superare la crisi economica che ha colpito la maggior parte dei paesi industrializzati, tra cui l'Italia.

È noto, infatti, che l'azienda è "un sistema di forze economiche che realizza,nell'ambiente di cui è parte complementare, in condizioni di autonomia e di tendenziale durabilità, un'attività economica consistente in un processo di produzione e di distribuzione di beni e/o servizi, con il fine di creare utilità a favore del soggetto aziendale e/o di altre collettività di riferimento", pertanto la sua sopravvivenza è determinata dal sistema di forze e relazioni che instaura con l'ambiente e gli *stakeholder* che in esso operano (82).

2.4. Il progetto del gruppo di ricerca Uni-CLUB *Back-reshoring*

Vista l'importanza di tipo economico e sociale che il *back-reshoring* sta assumendo in questi ultimi anni e la sua rilevanza a livello internazionale, è stata costruita una ricerca specifica a cura di un consorzio interuniversitario denominato Uni-CLUB MoRe *Back-reshoring*, che raduna numerosi studiosi degli atenei di Modena – Reggio Emilia, L'Aquila, Udine, Catania e Bologna. Il gruppo di ricerca affronta una ricerca empirica partendo da fonti secondarie, con l'obiettivo di approfondire e cercare delle risposte sulle attuali carenze informative che ancora limitano la conoscenza di questo argomento (83).

Il gruppo di ricerca Uni-CLUB *Back-reshoring* ha proceduto anzitutto alla costruzione di una banca dati per individuare le aziende che hanno posto in atto fenomeni di questo tipo in Italia e all'estero , soprattutto in Germania, utilizzando come fonti quotidiani e riviste internazionali di natura accademica; rapporti delle maggiori aziende di consulenza; internet e studi accademici. Per ogni tipo di ricerca eseguita sono state analizzate approfonditamente le seguenti variabili: paese di origine dell'impresa; settore industriale di attività; anno in cui è avvenuto il *back-reshoring*; l'anno in cui è stato realizzata la delocalizzazione della produzione; paese da cui ha avuto origine il rientro; dimensioni aziendali (volumi di vendita e/o numero di addetti); motivazioni alla base della decisione di rientro in patria; come viene costituita la consociata estera.

Il database del gruppo di ricerca Uni-CLUB More *Back-reshoring* ha così individuato 294 casi riguardanti 254 imprese (84), in cui 25 imprese hanno realizzato più di un'iniziativa di rientro. Dall'analisi del data base emerge in modo rilevante il rientro della produzione da parte di Ford Motor Company che nel periodo compreso tra il 2011 e il 2013 ha riportato a casa attività manifatturiere localizzate in passato in Cina, Giappone, Messico, Turchia e Spagna. Caso analogo è quello di Walt Disney Company che ha attivato dal 2013 un progetto di *near-reshoring* che porterà ad Haiti il processo produttivo relativo alla fabbricazione di oggetti di *merchandising* che in passato venivano prodotti in Bangladesh, Ecuador, Venezuela, Bielorussia e Pakistan. Inoltre, sono stati osservati nel processo di ricerca empirica, 30 casi (relativi a 10 imprese differenti) nei quali l'azienda ha intrapreso sia iniziative di *back-reshoring* che di *near-reshoring.* Rientra in questa categoria l'azienda meccanica statunitense Emerson, che nel 2009 ha rilocalizzato negli USA e in Messico la produzione svolta precedentemente in Cina. Casi come questo appena descritto costituiscono un interessante punto di riferimento per supportare l'idea che l'implementazione congiunta delle due decisioni (*back e near-reshoring*) fa parte di una strategia complessa e dinamica in cui l'impresa si adatta al mutare delle condizioni delle condizioni di carattere ambientale che si vengono a creare nei contesti geografici in cui quest'ultima opera. Ripartendo i dati raccolti in base al paese di origine (Tab. 2), emerge una sostanziale uguaglianza nel numero dei rientri in patria delle aziende tra gli USA e l'UE. Per quanto riguarda il vecchio continente, i due paesi che hanno maggiormente intrapreso una strategia di *reshoring* sono l'Italia e la Germania, ossia le due economie di più legate al settore manifatturiero.

Considerando i paesi dai quali le aziende trasferiscono le produzioni portandole in patria, emerge che circa il 70% dei casi è polarizzato in Cina e negli altri paesi asiatici, mentre dalle nazioni dell'Europa dell'est sono state realizzate circa un decimo delle iniziative.

Paese di origine	Anno del rientro della produzione										Totale
	ante 2000	2000-06	2007	2008	2009	2010	2011	2012	2013	2014	
Italia	1	12	5	6	12	5	3	11	5		60
Germania	6	12	9	10			1	1			39
Francia		2			7	5	3	2	1		20
Regno Unito					1	2	3	8	6		20
Norvegia								2			2
Slovenia					1						1
Olanda								1			1
Svizzera								1			1
Finlandia		1									1
USA	3	2	1	5	23	16	35	35	20	1	141
Canada								1			1
Corea del Sud								2			2
Taiwan								2			2
Giappone								2		1	3
Totale	10	29	15	21	44	28	45	68	32	2	294

Tab. 2 – Ripartizione per paese di origine e di delocalizzazione.
Fonte: Uni – CLUB MoRe Back-reshoring.

Analizzando i dati, in questo caso secondo un criterio temporale (Tab. 2.1) si evidenzia come, perlopiù in Europa, queste iniziative siano praticate da tempo, anche se c'è stata una crescita significativa del *back-reshoring* negli anni, come già avevano annunciato da alcuni studi passati (85), i quali avevano ipotizzato che la crisi finanziaria a livello internazionale avrebbe causato un numero significativo di dismissioni degli investimenti esteri da parte delle aziende occidentali.

Paese d'origine		Paese estero di delocalizzazione							
		Cina	Asia (diverso da Cina)	Europa Est	Europa Occidentale	America centrale e meridionale	America del Nord	Totale	
Europa	Italia	21	8	19	10		2	60	145
	Germania	8	6	10	9	5	1	39	
	Francia	10	4	5	1			20	
	Regno Unito	17	1	2				20	
	Norvegia	2						2	
	Finlandia				1			1	
	Olanda	1						1	
	Slovenia				1			1	
	Svizzera	1						1	
Nord America	USA	88	37	2	5	8	1	141	142
	Canada	1						1	
Asia	Giappone	2	1					3	7
	Corea del Sud	1	1					2	
	Taiwan	2						2	
	Totale	150	58	38	27	13	4	294	

Tab. 2.1 – Ripartizione per paese di origine e di delocalizzazione.
Fonte: Uni-CLUB MoRe Back-reshoring.

Esaminando i dati in funzione dei settori merceologici in cui le imprese operano, si può evincere che le decisioni di *back-reshoring* sono state intraprese in diversi settori dell'economia, senza che sia siano manifestate differenze nette tra i settori tipicamente *capital intensive* (ad esempio l'elettronica) e *labour intensive* (ad esempio l'abbigliamento e il tessile) (Fig. 2.6). Ovviamente, va considerato il fatto che settori meno toccati come editoriale, farmaceutico, gioielleria, cura della persona e cibi e bevande sono probabilmente settori che a monte erano stati toccati solo limitatamente dal fenomeno della localizzazione, da qui si giustifica il fatto che siano stati meno oggetto di fenomeni di *reshoring*.

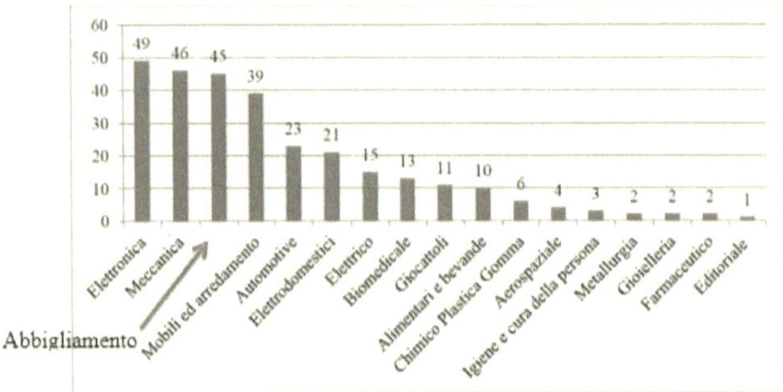

Fig 2. 6 – Ripartizione in base al settore industriale
Fonte: Uni-CLUB MoRe Back – reshoring.

Analizzando l'intervallo temporale che intercorre tra l'anno d'implementazione della decisione di delocalizzazione e la successiva decisione di rientro, emerge un aspetto particolare interessante. Anche se i dati a disposizione devono essere interpretati con cautela, per via della scarsa numerosità del campione e dell'incompletezza delle informazioni a diposizione, è possibile rilevare alcune differenze a seconda del paese estero in cui era stata inizialmente intrapresa una decisione di delocalizzazione della produzione. In particolare, tutte le decisioni che hanno riguardato i paesi dell'Est Europa si caratterizzano per un profilo temporale di *reshoring* maggiormente esteso rispetto a quelle relative alla Cina ed altri paesi asiatici, in altre parole, le delocalizzazioni effettuate in Cina hanno avuto una durata più breve, ovvero le aziende sono ritornate in patria in intervalli temporali brevi (per la metà dei casi circa entro i 5 anni dalla delocalizzazione) (Tab. 2.2). Questo dato, va ovviamente interpretato anche in funzione del settore di attività delocalizzato: è chiaro che se in Cina sono state delocalizzate maggiormente settori *labour intensive* è più facile per le aziende rientrare in patria senza grosse perdite finanziarie per gli investimenti effettuati; viceversa, in caso di settori *capital intensive* il rientro degli investimenti effettuati e la valutazione della loro profittabilità estera richiede tempi più lunghi.

Intervallo	Cina	Asia (no Cina)	Europa or.	America C&M	N. America	Europa occ.	Totale
Meno di 3 anni	17	3	2	1	1	2	26
3-5 anni	40	5	8			3	56
6-10 anni	32	12	4	1	1	2	52
Più di 10 anni	31	16	14	6	1	11	79
Non disponibile	30	22	10	9	1	9	81

Tab. 2.2 – Ripartizione per durata della strategia di off-shoring e paese estero di delocalizzazione.
Fonte: Uni – CLUB MoRe Back-reshoring.

Per approfondire questo aspetto lo studio del consorzio Uni-CLUB More *Back-reshoring* ha stimata la curva di sopravvivenza di Kaplan – Meier relativa alle imprese oggetto di analisi. Questa curva è un misuratore che si usa per stimare la funzione di sopravvivenza di dati relativi alla durata della loro vita. In questo caso, attraverso l'analisi di tale curva si può evincere che circa il 60% delle iniziative di rientro concerne decisioni di delocalizzazione prese entro i 10 anni precedenti la rilocalizzazione. Simultaneamente, però, il 25% è avvenuto nei primi tre anni dalla data della delocalizzazione, risultato totalmente diverso da quello relativo alle sole aziende tedesche, per le quali 3-5 anni costituiscono la media (Fig. 2.7).

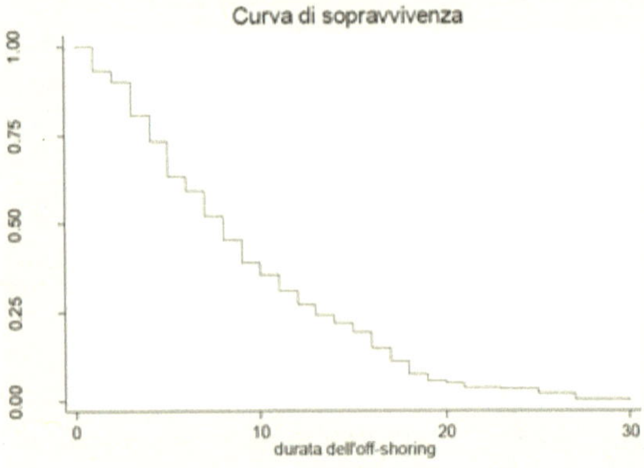

Fig 2.7– stima della curva di sopravvivenza dell'esperienza di off – shoring.
Fonte: Uni – CLUB MoRe Back reshoring.

Vengono messe in luce dallo studio inoltre le motivazioni dichiarate dalle imprese che hanno deciso di rilocalizzare la propria produzione in patria. Attraverso questa osservazione è possibile comprendere come il *back-reshoring* agisca sulla competitività e sulle *performance* economiche delle imprese osservate (Tab. 2.3). Il fattore più citato è quello fattore logistico, inteso non solo in termini di costo, ma anche dei tempi di approvvigionamento. Quest'aspetto diventa indispensabile nei contesti in cui il *time to market* rappresenta la fondamentale leva competitiva; basta pensare alla decisione intrapresa da Zara di "accorciare" la propria catena di fornitura trasferendola al bacino del Mediterraneo ed al Portogallo parte degli acquisti precedentemente realizzati in paesi asiatici. Seguono tra le motivazioni la riduzione del gap tra il costo del lavoro e più in generale il costo di produzione totale che un tempo avevano fortemente inciso sulla scelta di delocalizzare per poter sfruttare vantaggi di costo. Un ultimo aspetto importante è il fattore "*made in*" ovvero la ricaduta positiva che il rimpatrio della produzione ha sul valore e qualità delle produzioni, percepite da parte della clientela. Tale motivazione è quella che più spinge le aziende italiane a intraprendere una strategia di *reshoring*.

Fattore	Motivazione	# imprese
Costi	Costi logistici	95
	Riduzione gap costo del lavoro	70
	Riduzione gap costo totale	54
	Dazi su re-importazione	3
Logistica (no costi)	Delivery time	78
	Quantità minima acquistabile	13
Effetti della crisi globale	Impatto della crisi globale	26
	Pressioni sindacali su casamadre	9
	Scarso utilizzo capacità produttiva domestica	8
	Scarsi risultati economico-finanziari	5
Elementi relativi al paese di origine	Effetto made in positivo	87
	Sussidi alla rilocalizzazione	28
Elementi interni all'azienda ed imprenditoriali	Riorganizzazione globale del network	43
	Difficoltà di controllo unità delocalizzare	32
	Focalizzazione su strategie di innovazione	20
	Necessità di maggiore flessibilità organizzativa	17
	Aspetti emozionali (nelle aziende familiari)	8
Marketing e vendite	Miglioramento del servizio al cliente	53
	Prossimità ai consumatori	36

Tab. 2.3 – Motivazioni della decisione di rilocalizzazione.
Fonte: Uni–CLUB MoRe Back–reshoring.

2.5. I rapporti di PWC e Assocalzaturifici

Nel *reshoring*, l'Italia si distingue in modo positivo rispetto ai propri *competitors* occidentali come la Germania e Stati Uniti, poiché è un settore in cui l'Italia sta facendo da apripista in Europa (86). Questo fenomeno si può considerare figlio della crisi finanziaria che è scoppiata nel 2008 e che ha imposto alle imprese un severo ripensamento delle strategie, specialmente in termini di costo. Proprio per questo motivo, diversi governi hanno iniziato a mettere a punto formule per incentivare le grandi industrie locali a riportare le produzioni in patria.

Il settore della moda italiana è quello che è stato colpito più di ogni altro dal fenomeno del *reshoring* delle filiere produttive, che si è intensificato a partire del 2009 e che ha raggiunto il picco nel 2013 (87). Il motivo principale è legato alla costante crescita dei clienti internazionali che non hanno mai smesso di richiedere prodotti *Made in Italy*, in cambio di eccellenza del prodotto artigianale e di un *know-how* difficile da reperire fuori dal territorio italiano, per il quale sono disposti di riconoscere un surplus consistente sul prezzo di vendita al dettaglio.

A differenza degli altri paesi europei, in Italia il *back-reshoring* è nato spontaneamente, per rispondere a un input di mercato e non ci sono state inizialmente delle manovre da parte delle politiche pubbliche finalizzate in tal senso. Invece, nei paesi come ad esempio gli USA, la Francia e il Regno Unito, per incentivare il ritorno della produzione in patria è stata applicata una semplificazione legislativa che prevede maggiore flessibilità nel mercato del lavoro, ingenti sgravi sulla tassazione a lavoratori e imprese, accompagnamento delle aziende nei processi di rilocalizzazione e garanzia di approvvigionamento energetico a basso costo per un certo numero di anni (88).

Ferragamo, Gta Moda, Piquadro, Prada, Tod's, sono nomi della moda italiana e grandi realtà imprenditoriali che da nord a sud del paese (Tab. 2.4) hanno deciso di riportare in patria parzialmente o integralmente la rispettiva produzione, difendendo i valore del marchio "*Made in Italy*" che rappresenta il terzo marchio più noto al mondo dopo Coca-Cola e Google (89).

Area geografica	Regione	Back-reshoring
Nord Est	Friuli Venezia Giulia	6
	Trentino Alto Adige	3
	Veneto	27
	Totale	36
Nord Ovest	Emilia Romagna	17
	Liguria	3
	Lombardia	16
	Piemonte	7
	Totale	43
Centro	Lazio	1
	Marche	7
	Toscana	7
	Umbria	2
	Totale	17
Sud	Abruzzo	1
	Campania	2
	Puglia	2
	Totale	5
Totale		101

Tab. 2.4 – Ripartizione geografica delle decisioni di back – reshoring implementate da imprese italiane.
Fonte: Uni – CLUB MoRe Back – reshoring. (adattamento)

Un'azienda che ha deciso di intraprendere fermamente la strategia di *reshoring* è stata Piquadro, che ad oggi può vantare una produzione svolta totalmente sul territorio italiano dopo aver abbandonato nel 2014 la Cina, dove venivano in quel tempo prodotti circa l'80% dei beni venduti. L'azienda emiliana, in passato inviava in Cina le pelli da lavorare, ma i costi del lavoro e di trasporto aumentati negli anni hanno via via reso meno conveniente la delocalizzazione (90).

Gta Moda, ha ritrasferito in Italia, dalla Romania le filiere produttive, con l'obiettivo di concentrarsi sull'artigianalità tutta italiana dei prodotti.

Anche la fiorentina Nannini, ha abbandonato l'Europa dell'Est e riabbracciato l'Italia, da dove oggi viene creata l'intera produzione.

Da un'intervista a uno dei massimi studiosi del fenomeno del *reshoring*, il Prof. Luciano Fratocchi, per la diplomazia economica italiana del settembre del 2015 (91), si possono accogliere diversi vantaggi e spunti per le aziende che vogliono intraprendere una strategia di ritorno della produzione nel paese d'origine.

Il *reshoring* può portare diversi benefici al sistema economico nazionale: la rilocalizzazione contribuisce alla crescita del PIL, importante per l'Italia che è stata colpita da una profonda crisi economica dal 2008. Questo aumento del PIL genera maggiori entrate tributarie o la possibilità di ridurre le aliquote fiscali.
Il *reshoring* riguarda linee di produzione di "fascia alta" con la conseguente necessità di investimenti in innovazione, dato nel quale l'Italia non eccelle particolarmente. Secondo Fratocchi, per poter incentivare le aziende a intraprendere una strategia di *reshoring* bisogna fare attenzione a non creare un ambiente di competizione tra le aziende che decidono di riportare la produzione in patria e quelle che in passato non hanno deciso di delocalizzare la propria catena produttiva rimanendo legate al proprio territorio d'origine. Si potrebbe creare una competizione in quanto le aziende che prima producevano all'estero potrebbero "rubare" le materie prime o la manodopera specializzata alle aziende che producono beni simili e hanno continuato a produrre nel proprio paese.

2.5.1. I dati dall'osservatorio PWC

Secondo uno studio del PWC (92) ci sono state delle determinate condizioni che hanno portato le aziende a fare marcia indietro riportando la produzione in patria. Queste condizioni possono essere raggruppate: indebolimento dell'Euro verso il Dollaro; aumento del costo del lavoro nel Far East; incentivi all'innovazione in Italia; *time to market*; necessità di maggior flessibilità; controllo della filiera e della qualità dei prodotti.

Per quanto riguarda il *reshoring* negli USA, secondo il PWC più del 20% delle grandi aziende sta effettuando azioni di *reshoring* e circa 46 aziende del settore tessile hanno riportato parte della produzione in patria nel 2014, creando così quasi 40 mila posti di lavoro nel settore manifatturiero. Nel Regno Unito, il Mas Barometer (93) ha rilevato che le aziende che hanno riportato in UK la produzione nel 2013, sono state l'11% contro il 4% che ha delocalizzato. Le aziende iniziano a considerare il costo totale del venduto includendo costi di trasporto, costi accessori, costi legati al rischio del paese, costi generati da lotti sovrabbondanti e da *time to market* non adeguato nelle loro decisioni di *make or buy*, producendo quindi una nova formula dei costi differenziali che le avevano portate a suo tempo a delocalizzare.

Le analisi PWC stimano un potenziale in UK compreso tra 100 e 200 mila posti di lavoro nei prossimi 10 anni creati grazie al *back-reshoring*.

Lo studio condotto dalla società di revisione PWC (94) su un campione di 61 aziende della filiera del tessile abbigliamento, si possono riscontrare diversi motivi per cui le aziende decidono di intraprendere il ritorno in patria (Fig. 2.8); tra le principali motivazioni emergono prepotentemente l'aumento dei costi operativi e la concorrenza di fornitori esteri *low cost*.

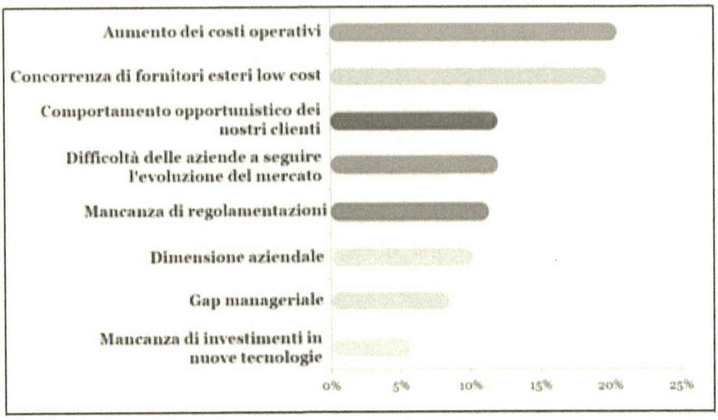

Fig. 2.8 – le cause del ritorno in patria.
Fonte: Pwc

Per quanto riguarda, invece, gli strumenti (Fig. 2.9) che sono stati messi a disposizione alle aziende per poter affrontare meglio il rimpatrio totale o parziale della produzione, hanno inciso in diversa misura sul *reshoring*, si segnala in Italia la normativa "*Made In*" (D.L. 135/2009), che sanziona tutte le aziende che vendono un prodotto al cliente finale certificato "*Made in Italy*" anche se non è stato prodotto realmente in Italia, ma invece solo progettato nella nazione. Inoltre, vengono sanzionate la falsa indicazione di provenienza e la fallace indicazioni di provenienza (se vengono usati segni distintivi che richiamano l'Italia). Questo strumento è stato utile, ma non determinante in base allo studio PWC sulla scelta della strategia di *reshoring*.

I contratti di rete, che consentono alle aziende di collaborare tra di loro, non ha inciso in modo rilevante sulla scelta di rimpatrio della produzione. Anche i finanziamenti di filiera, le sovvenzioni (aiuti stanziati dallo stato per consentire le imprese di continuare la propria attività anche in situazioni di crisi economica) e i *minibond* (prestito obbligazionario emesso da società non quotate) non sono state determinanti per la scelta di far rientrare la produzione nel paese d'origine.

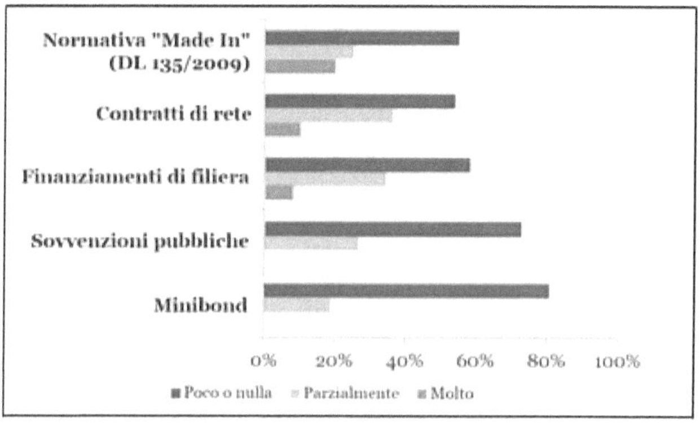

Fig. 2 9 – come hanno inciso gli strumenti in supporto alle aziende.
Fonte: Pwc

2.5.2. I dati forniti da Assocalzaturifici

Nello studio condotto da Assocalzaturifici, associazione di categoria dell'industria calzaturiera italiana, in collaborazione con il gruppo di ricerca Uni-CLUB MoRe *Back-reshoring* su un campione di 25 (95) imprese del settore calzaturiero e manifatturiero italiano e del settore calzaturiero spagnolo (96). Tramite intervista telefonica o personale, emergono dati significativi in merito al fenomeno del ritorno in patria della produzione.

La revisione della decisione iniziale di delocalizzare la produzione ha portato anche l'adozione di strategie che si possono definire "ibride", con la presenza di scelte di *back* e *near reshoring* e di *further off-shoring*. Le decisioni di rimpatrio e di riavvicinamento sono state le più frequenti (fig. 2.10) su campione considerato.

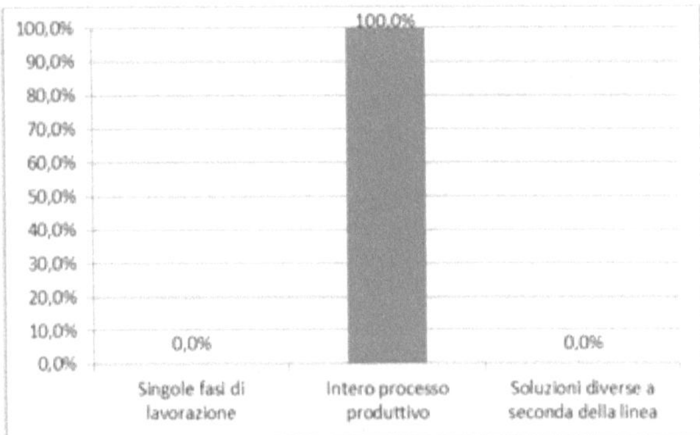

Fig. 2.10– chi rientra in patria: cosa aveva fatto in passato?
Fonte: Uni –CLUB MoRe Back – reshoring.

Il *back-reshoring* ha riguardato principalmente aziende che avevo delocalizzato totalmente la propria produzione all'estero (Fig. 2.11).

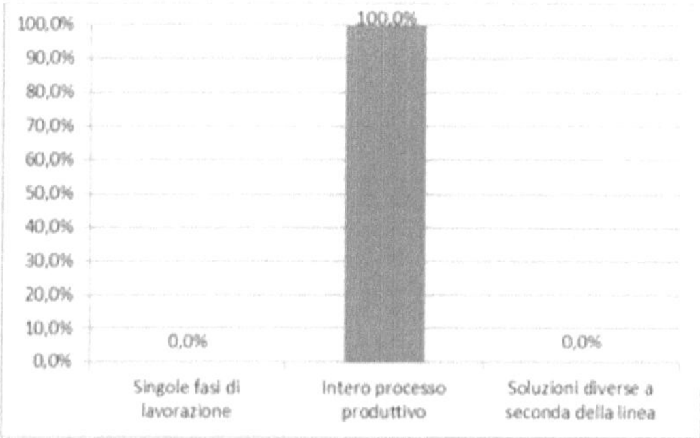

Fig. 2.11 – chi rientra in patria: cosa aveva fatto in passato?
Fonte: Uni –CLUB MoRe Back – reshoring.

Le fonti di vantaggio competitivo che spingono le aziende a ripensare alla strategia di delocalizzazione sono molteplici: costo di produzione, tempi di consegna al cliente, contenuto di *design*; il marchio e la qualità del prodotto (97) (Fig. 2.12).

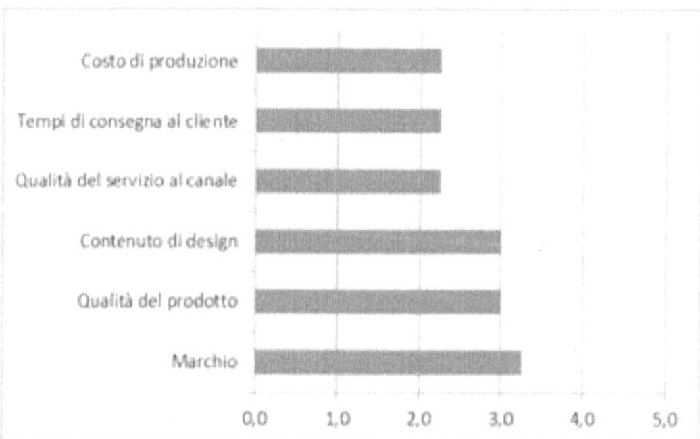

Fig. 2.12 – motivi del rientro in Patria.
Fonte: Uni –CLUB MoRe Back – reshoring.

La scelta di *back-reshoring* delle produzioni è generalmente dovuta al valore aggiunto che la clientela riconosce al prodotto "*Made in Italy*" che diventa la motivazione principale indicata dalle imprese oggetto dello studio (Fig. 2.13).

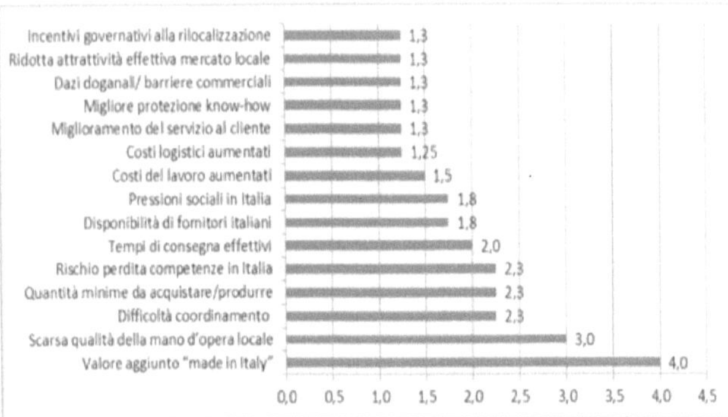

Fig. 2.13 – Le motivazioni del ritorno in Patria.
Fonte: Uni –CLUB MoRe Back – reshoring.

Le aziende che hanno già adottato questa strategia (75% del campione indagato) hanno espresso un giudizio su tale scelta pari a 3,7 su una base di una scala di giudizio Likert 1-5 tecnica che misura l'atteggiamento positivo o negativo nei confronti di un determinato oggetto. La principale problematica incontrata nella scelta di *re-shoring* è collegata alla difficoltà di trovare personale e/o fornitori validi, anche dovuto alla parziale perdita di competenze relative ad alcune fasi produttive.

2.6. *Reshoring* delle aziende del lusso: il Convegno Pambianco

Nel novembre 2014, si è svolto il convegno Pambianco, società di consulenza che offre servizi alle aziende della moda, del lusso e di design, in collaborazione con Deutsche Bank sul tema: "*Back to Italy* – la nuova frontiera produttiva della moda italiana e internazionale?" (98).

Questo convegno ha fatto il punto della situazione delle aziende che intendono intraprendere o hanno già intrapreso una strategia di *reshoring*.

Dallo studio di Pambianco è emerso che le aziende di fascia alta hanno strategie di rientro più marcate di quelle di fascia media. Le ricerche condotte da Deutsche Bank e PWC hanno evidenziato che c'é un'esistenza di "un premio" riconosciuto dal mercato al *Made in Italy* e la necessità di rafforzare i rapporti della filiera. Ci sono stati all'interno del convegno diversi interventi condotti da Enrico Mentana, giornalista di La7, di Sandro Veronesi, presidente del gruppo Calzedonia che ha evidenziato l'importanza di educare i clienti all'acquisto responsabile (e tracciabile); Diego Della Valle, presidente di Tod's che ha invitato il governo a introdurre agevolazioni fiscali alle aziende che producono al 100% made in Italy.

Per indagare il focus del convegno, David Pambianco ha presentato uno studio realizzato su un campione di 45 aziende di gruppi internazionali del lusso italiane. L'analisi vede queste aziende che hanno aumentato gli investimenti sul *Made in Italy*, spingendo sulle acquisizioni e sull'incremento della produzione in Italia. Questo è un segnale che indica l'attribuzione da parte dei consumatori finali di un riconoscimento sulla qualità di un prodotto

italiano superiore rispetto a quello prodotto in un altro paese.
Per ciò lo studio di Pambianco si è rivolto nel valutare come le medie imprese reagiscono a questa rivalutazione del ruolo della filiera territoriale.

Da qui è stata svolta la ricerca su un campione di società dell'abbigliamento, delle calzature e della pelletteria, attraverso una ricerca di mercato tramite questionari e interviste con alcuni manager sul fenomeno del *Back to Italy*, per capire la situazione e le strategie di reshoring delle aziende di medie dimensioni, con un confronto su un intervallo temporale di tre anni (Fig. 2.14).

L'universo considerato ha registrato una crescita del 26% del fatturato dal 2010 al 2013. In generale al 2014, non è stato attivato una convincente strategia di rientro. La quota di produzione che viene svolta in Italia è il 53% appena un punto in più rispetto al 52% del 2010 (Fig. 2.15).

La propensione "italiana" è fortemente diversa all'interno del campione.

	2010	2013
Numero aziende	**45**	**45**
Fatturato (mln €)	**3.639**	**4.577**
Fatturato medio (mln €)	**81**	**102**
Δ %		***+26%***

Settori: *Abbigliamento, Calzature, Pelletteria*
Fasce: *Media e Alta*

Fig. 2.14 – il campione della ricerca.
Fonte: Studio Pambianco 2014

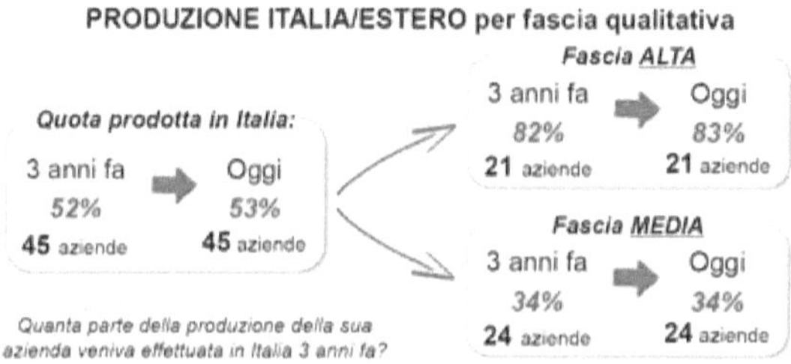

Fig. 2.15 – Valutazione in 3 anni della percentuale delocalizzata per fascia qualitativa.
Fonte: Studio Pambianco 2014

La fascia media delle aziende del campione, è rimasta ferma nei tre anni a una percentuale del 34% di produzione realizzata in Italia, la fascia alta ha leggermente migliorato (un punto percentuale) in termini di quota, però resta sempre un livello alto, essendo passato dall'82% all'83%. Alla domanda "tra 3 anni si prevede che la quota di produzione effettuata in Italia cresca, diminuisca o resti stabile?" (99), le aziende di fascia alta, hanno risposto "stabile" nel 76% dei casi, e "in crescita" nel 24% delle risposte. Nessuno ha indicato una previsione al ribasso.

Per le aziende di fascia inferiore, c'è ancora chi prevede una riduzione di quota italiana (il 26%) ma un 35% punta su un incremento di produzione del *Made in Italy* (Fig. 2.16).

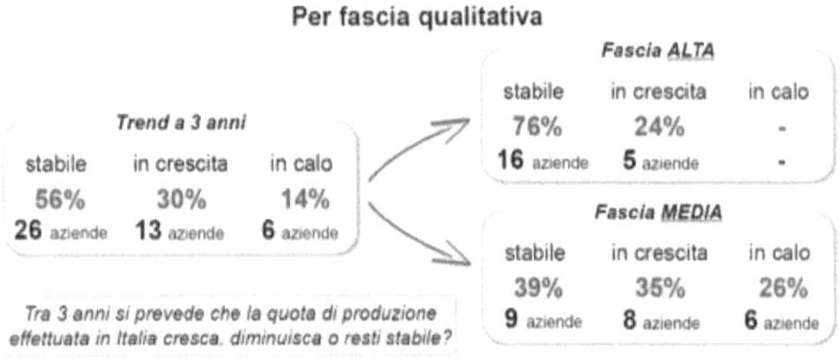

Fig. 2.16 - previsioni a tre anni differenziate per fascia qualitativa
Fonte: Studio Pambianco, 2014

In conclusione, Pambianco afferma che "il fenomeno del reshoring è in atto per i grandi gruppi del lusso italiani e stranieri (che vengono a produrre in Italia) perché il fattore di traino del *made in Italy* è forte e i maggiori costi sono più che compensati dai benefici di immagine e di qualità dei prodotti" (100). La situazione è più complessa " e il fenomeno più limitato per le medie imprese che, avendo margini più bassi (sono meno internazionali e meno fascia lusso), nono possono sostenere i maggiori costi di produzione connessi al rientro in Italia" (101).

I Segreti svelati in questo capitolo

Le imprese manifatturiere stanno iniziando, negli ultimi anni, a percorrere una traiettoria con senso contrario rispetto a quanto fatto negli ultimi 30 anni, riportando in parte o tutta la produzione nel Paese d'origine. Le motivazioni principali legate al ritorno in patria sono riconducibili all'effetto positivo che ha il "*Made in Italy*" sul cliente finale, attributo a prodotti di buona manifattura, nonché alle ragioni legate alla scarsa qualità delle produzioni delocalizzate che hanno conseguenze negative sulle politiche di "*branding*". Gli studiosi in materia e gli operatori economici, sono d'accordo circa la reale portata del fenomeno del *back/re/nearshoring*, però esso non rappresenta la causa esclusiva per la quale le imprese stanno riconfigurando la propria *supply chain* alla scala internazionale, spinte anche dalle pressioni derivanti dalla crisi mondiale.

Il *re-shoring* sta rafforzando l'autenticità del marchio "*Made in Italy*" che in molti settori, specialmente nell'agroalimentare e quello dell'abbigliamento, si stava snaturando e confondendo con i diffusi fenomeni "*Made by Italians*" (produzioni realizzate dagli italiani all'estero) di "*italian sounding*" (102) (utilizzo di segni distintivi che richiamano l'Italia) o il "*look alike*" (prodotti contraffatti, confondibili con gli originali).

Il valore elevato dell'euro, che non ha favorito le esportazioni di prodotti realizzati seguendo una strategia di *leadership di costo*, sta spingendo le imprese italiane ad un rilancio delle politiche di differenziazione basate sull'elevata qualità delle produzioni, contribuendo così, al rafforzamento dell'immagine e della reputazione dei prodotti artigianali "*made in Italy*".

I clienti più esigenti di abbigliamento (dei paesi emergenti come Cina, Russia, India, ecc.) cominciano a sospettare dei capi non prodotti interamente in Italia: idearli e progettarli nel bel paese non è più sufficiente, ma è necessario che anche la manifattura il *know-how* siano totalmente italiani, altrimenti diventa più difficile certificare l'autenticità di un prodotto veramente creato e prodotto in Italia.

Nell'ambito del settore manifatturiero italiano, la strategia di delocalizzazione, nel tempo ha subito un significativo rallentamento o addirittura un cambiamento di rotta. Infatti, l'esternalizzazione del "*Made in Italy*", nei settori di abbigliamento e accessori, ha concesso inizialmente alle imprese più dinamiche un vantaggio competitivo, che nel lungo termine si è indebolito a causa delle semplificazioni e delle imitazioni, a volte di pessima qualità, dei prodotti. Un errore strategico per tali produzioni è stato proprio quello di trascurare, se non perdere, le proprie specificità legate alla manifattura svolta all'interno dei confini nazionali, la quale è il risultato di tradizioni e *know-how* di eccellenza, riconosciuto e apprezzato in tutto il mondo.

Il *back-reshoring* contribuisce a frenare una delle conseguenze più cospicua della globalizzazione: la perdita del radicamento spaziale dell'impresa, generato dalla conseguente destrutturazione delle attività produttive.

È difficile valutare che conseguenze avrà il *back-reshoring* sui territori nei quali in passato era stata portata parte o tutto il processo produttivo.

Gli studi evidenziano che il *back-reshoring* non consentirà di ritornare a livelli di occupazione industriali pari a quelli degli anni prima che veniva applicato il processo di delocalizzazione e prima del manifestarsi della crisi economica.

Non è possibile recuperare i posti di lavoro manifatturieri persi nei paesi occidentali negli ultimi venti anni, sia perché molti beni a basso valore aggiunto verranno prodotti ugualmente in paesi a basso costo del lavoro, sia perché le recenti tecnologie digitali che stanno trasformando l'organizzazione della produzione sono comunque a bassa intensità di lavoro.

Attualmente in Italia (103) il rientro è limitato a grandi imprese e ad alcuni settori come la moda e la meccanica. Proprio lo sviluppo di questo fenomeno può avere un effetto trainante sulla ripresa delle piccole imprese, in particolare per il sistema moda, la cui organizzazione produttiva si basa su reti di fornitura costituite da piccole imprese altamente specializzate, di solito, di stampo artigiano.
Questo tipo di organizzazione consente di facilitare il rientro in patria in quanto non si tratta di riportare un'azienda ma solo di cambiare subfornitore.

Oltre a decidere di intraprendere il rientro della produzione in patria, potrebbe essere un'opportunità di sviluppo per le piccole imprese, la manifattura digitale, che consente di realizzare prodotti di qualità con costi e investimenti decisamente inferiori rispetto alla manifattura tradizionale. Questo tipo di manifattura potrebbe rilanciare, la competitività dell'artigianato, favorendo lo sviluppo di una nuova generazione di artigiani tecnologici, i cosiddetti artigiani tecnologici 2.0. Gli effetti del digitale non saranno immediati: le potenzialità che potrebbe apportare ancora in Italia hanno scarsa diffusione proprio nelle imprese di piccola dimensione, tra le quali si va configurando una sorta di "digital divide" che vede la contrapposizione di aziende innovatrici e all'avanguardia a molte imprese tradizionali e resistenti al cambiamento tecnologico.

Per quanto riguarda gli incentivi da parte dello Stato verso le aziende che decidono di intraprendere il rientro della produzione, in Italia non ne esistono ancora. Alcune regioni si sono già mosse per alimentare il fenomeno del *back-reshoring*. La regione Piemonte, per esempio, all'interno della *L.R. 34/2004*, a supporto delle politiche per l'attrazione degli investimenti, ha introdotto lo strumento del "contratto di insediamento" che indica tra i possibili beneficiari le imprese italiane che hanno totalmente esternalizzato la produzione all'estero e che intendano investire in Piemonte. Le politiche per l'incentivazione dei rientri trovano efficacia se si raccordano ad azioni incisive rivolte alla valorizzazione e al sostegno della manifattura, incentrandosi specialmente sulla valorizzazione e al sostegno di quest'ultima attraverso la formazione e al recupero delle competenze e delle professionalità e alla modernizzazione dei sistemi produttivi.

L'incrocio tra *back-reshoring* e nuove tecnologie produttive digitali potrebbe rappresentare la chiave per il rilancio delle piccole imprese, rafforzando soprattutto la creatività che è da sempre il valore aggiunto dell'artigianato italiano.

Il rientro delle produzioni, richiama l'impresa verso impegni di solidarietà sociale, riportandola a considerare le proprie radici nel territorio d'origine: essa diviene *bella*, ovvero *impresa armonica* (104) che vive un armonia, progettando e diffondendo benessere nel complesso sistema di relazioni interne ed esterne, che contribuisce al bene comune, sviluppandosi in *consonanza* (105) con il contesto esterno (106). Su questo punto, può risultare anche rilevante il fenomeno della dimostrazione della responsabilità sociale delle imprese che hanno viceversa scelto di rimanere in patria come scelta etica, divulgabile anche attraverso forme specifiche di rendicontazione sociale (107).

3. *BACK RESHORING*: ANALISI DI UN CASO ITALIANO

3.1. L'azienda oggetto di studio: Road SpA

La Road SpA (è stato assegnato questo nome di fantasia, per questione di *privacy*) è un'azienda con sede legale in Italia, facente parte del gruppo omonimo francese. Il gruppo è stato fondato nel 1957 e divenuto con il tempo il quarto gruppo in Francia operante nel suo settore. Road France opera nel settore delle costruzioni con le sue 7 divisioni:

- Lavori pubblici e fondazioni
- Costruzioni
- Energia
- Costruzioni Metalliche
- Macchinari stradali
- Macchinari di movimentazioni e sollevamento
- Caldareria

Il gruppo Road France è presente in tutto il mondo grazie ai suoi marchi, e gli stabilimenti produttivi sono diffusi in tutti i continenti: Europa, Cina, Sud America.

I valori su cui si basa il gruppo sono molto forti:

- Autonomia per le aziende che fanno parte del gruppo nel rispetto della loro identità;
- Rispettare sempre gli impegni: mantenere le promesse, gestire i progetti in modo concreto, analizzare le prestazioni senza compromessi;

- Audacia: sviluppare uno spirito imprenditoriale, prendendo i rischi in un ambiente in cui innovazione significa essere al passo con le nuove tecnologie ed accumulare vantaggio competitivo, ma allo stesso tempo rimanere sempre fedele alle proprie origini aziendali.

Una delle aziende che fanno parte del gruppo svolge la propria attività in Italia, nella provincia di Ravenna ed è stata fondata nel 1899. La produzione di questa azienda negli anni è mutata: dalle biciclette e motociclette alle macchine stradali (finitrici, rulli, frese, macchine per la manutenzione) per arrivare alla produzione di impianti per conglomerati bituminosi (sistemi che producono un impasto a caldo di miscele di bitume e materiali inerti come ghiaia e sabbie che vengono utilizzati per asfaltare le strade).

La Road SpA dal 1988 è entrata a far parte del gruppo Road France collocandosi in una posizione di forte vantaggio competitivo all'interno dei progetti industriali di crescita del gruppo francese.

L'azienda Road SpA nello specifico è *leader* mondiale nelle tecnologie di compattazione e nella produzione di macchinari per la compattazione di terreno, asfalto e rifiuti, stabilizzatrici/ riciclatrici ed anche frese a freddo e finitrici stradali.

I macchinari prodotti dalla Road SpA vengono utilizzati in diversi campi: dal giardinaggio, edilizia ed arredo urbano, alla costruzione stradale e di terrapieni. Inoltre, l'azienda fornisce soluzioni per l'impiego dei macchinari in discariche di ogni dimensione, così come per il riciclaggio di pavimentazioni stradali danneggiate e stabilizzazione del terreno.

L'azienda è molto sensibile al tema ambientale in quanto costruisce edifici ad Alta Qualità Ambientale ed edifici ad energia positiva, cioè edifici in grado di produrre più energia di quanta ne consumino; creando impianti fotovoltaici, sviluppando macchinari eco-innovativi, rulli con sistema eco-mode e spazzatrici a gas naturale.

La struttura del gruppo Road France

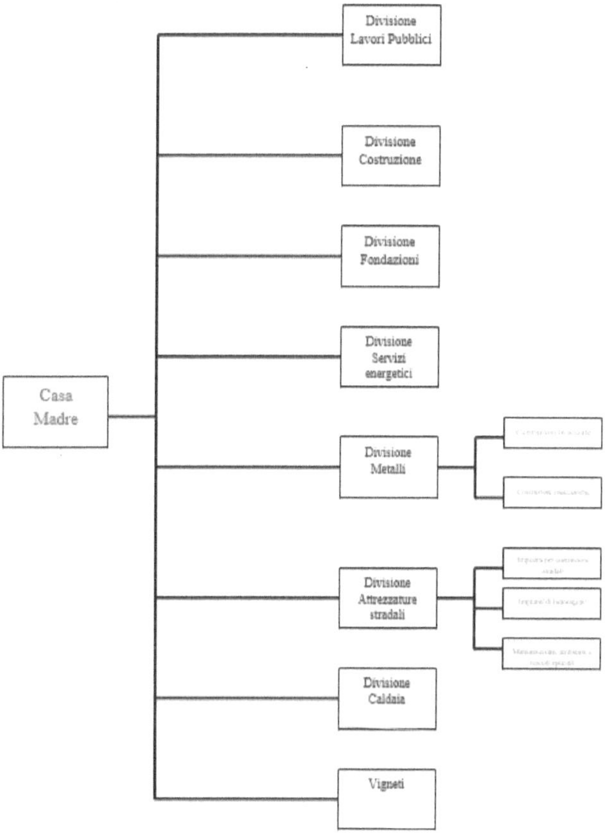

La struttura del gruppo alla conclusione dell'esercizio 2015 si presenta come indicato dall'organigramma elaborato nella pagina precedente.

È presente la casa madre che ha sede in Francia che coordina le attività delle 7 divisioni che sono le seguenti:

- Divisione lavori Pubblici: rappresenta il 26,5% del *turnover* (108) del gruppo. La divisione si occupa di lavori riguardanti l'ingegneria civile, opere sotterranee, attività di drenaggio.

- Divisione Costruzione: rappresenta il 17,5% del *turnover* del gruppo. Questa divisione è costituita da circa una dozzina di aziende diffuse in tutta la Francia; lo scopo della divisione è quello di contribuire allo sviluppo pubblico o privato attraverso la creazione di opere rispettose dell'ambiente.

- Divisione Servizi Energetici: rappresenta il 10,5% del *turnover* del gruppo. La divisione si occupa di progettare e costruire progetti d'ingegneria elettrica ed elettronica.

- Vigneti: nata nel 1969, il gruppo ha anche una produzione di vigneti di prestigio in diverse zone della Francia.

- Divisione Attrezzature stradali: rappresenta il 30% del *turnover* del gruppo. Questa divisione è costituita da diverse aziende diffuse in Europa, America e Asia che producono e commercializzano macchinari specifici per la costruzione e manutenzione di strade e autostrade. In questa divisione opera la Road Spa di cui si analizzerà in seguito il caso di delocalizzazione e reshoring.

- Divisione Metalli: rappresenta il 10% del *turnover* del gruppo.

Questa divisione costituita da aziende presenti in Francia e all'estero, offrono tecniche industriali per l'acciaio.

- Divisione fondazioni: rappresenta il 4,5% del *turnover* del gruppo. Questa divisione offre soluzioni tecniche per tutti i tipi di lavoro per il consolidamento del suolo.

- Divisione Caldaia: rappresenta l'1% del turnover del gruppo.
Questa divisione costituita da 4 impianti di produzione in Francia, ha lo scopo di trovare soluzioni ad hoc per soddisfare esigenze specifiche a livello industriale.

3.3.1. Il contesto settoriale in cui opera il gruppo

Il settore in cui opera la Road SpA è un settore in cui sono presenti poche imprese concorrenti tra di loro, c'è un'azienda leader che verrà chiamata Alfa, la quale detta il prezzo e offre al mercato macchine dalle performance molto elevate, ma con una veloce capacità di usura.

La Road SpA si posiziona al secondo posto dietro alla *leader* del mercato puntando ad offrire un prodotto con un ottimo rapporto qualità – prezzo, con standard di performance alti e tempi di usura più bassi rispetto al principale concorrente.

Seguono altre due imprese, Street SpA e Reef SpA (nomi di fantasia) che producono macchine con caratteristiche simili ma di qualità leggermente inferiore e detengono una fetta inferiore di mercato (Fig. 3.1).

Fig. 3 – La diffusione geografica delle aziende del gruppo.
Fonte: dalla relazione finanziaria del gruppo al termine dell'esercizio 2015.

Fig. 3.1 – Rappresentazione del settore in cui opera Road SpA (adattamento).

In termini di andamento economico, si segnala che nel 2015 la Road SpA presenta un capitale investito totale di 66.662.766 € Principalmente formato dal 28% di immobilizzazioni costituite da immobilizzazioni immateriali (242.067 €), immobilizzazioni materiali (7.974.520 €), immobilizzazioni finanziarie (10.630.815 €), e dal 72% di attivo circolante (47.681.477 €). Per quanto riguarda le passività totali che ammontano a 66.662.766 €, esse sono costituite dal Patrimonio netto pari al 27% (17.791.282 €), i debiti a breve termine pari al 50% (33.049.563 €), e i debiti a lungo termine pari al 13% (8.454.553 €). Si può notare che nelle attività abbiamo un attivo circolante che prevale sulle immobilizzazioni; questo significa che l'azienda versa in uno stato di salute e riesce a far fronte a flussi finanziari generati dalla gestione tipica più che sufficienti per far fronte alle obbligazioni di breve termine. Per quanto riguarda invece le passività, prevalgono per metà di esse i debiti a breve termine che riguarderanno sicuramente i debiti verso fornitori per acquisto di materie prime da immettere nel ciclo produttivo, debiti tributari e debiti verso banche di breve termine. Inoltre, incidono in maniera marginale i debiti a lungo termine che si possono raggruppare nei mutui passivi o nei debiti a lungo termine per l'acquisto d'immobilizzazioni.

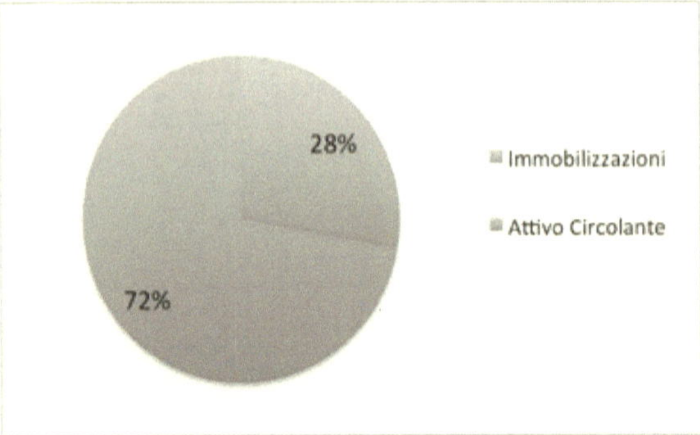

Fig. 3.2 - Composizione del capitale investito della Road SpA. (Adattamento).

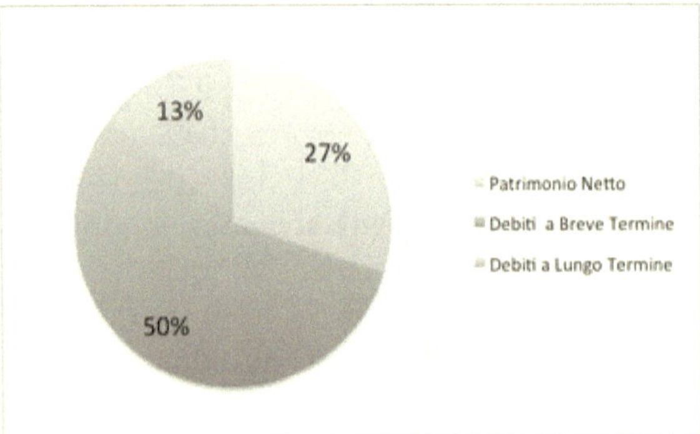

Fig. 3.3 – Composizione delle passività della Road SpA. (Adattamento).

Di seguito vengono riportati i principali dati di bilancio degli ultimi cinque esercizi amministrativi.

Stato Patrimoniale

	30/09/2015	30/09/2014	30/09/2013	30/09/2012	30/09/2011
	Attività				
Totale Immobilizzazioni	**18.847.402 €**	**17.231.106 €**	**16.301.966 €**	**12.640.811 €**	**12.461.186€**
Immobilizzazioni Immateriali	242.067 €	170.901 €	175.020 €	158.324 €	285.386 €
Immobilizzazioni Materiali	7.974.520 €	8.072.106 €	7.899.973 €	8.064.008 €	8.303.745 €
Immobilizzazioni Finanziarie	10.630.815 €	8.988.099 €	8.226.973 €	4.418.479 €	3.872.055 €
Attivo Circolante	**47.681.477 €**	**49.238.111 €**	**46.187.456 €**	**54.321.719 €**	**57.331.992 €**
Totale attività	**66.662.766 €**	**66.605.609 €**	**62.542.495 €**	**67.046.796 €**	**69886.469 €**
	Passività				
Patrimonio Netto	**17.791.282 €**	**18.415.447 €**	**18.553.099 €**	**18.868.708 €**	**21.511.588 €**
Capitale Sociale	8.164.000 €	8.164.000 €	8.000.000 €	8.000.000 €	8.000.000 €
Riserva da sovrapprezzo	735.788 €	735.788 €	519.860 €	519.860 €	519.860 €
Riserva di rivalutazione	978. 087 €	978. 087 €	978. 087 €	978. 087 €	978. 087 €
Riserva Legale	2.115.694 €	2.115.694 €	2.115.694 €	2.115.694 €	2.115.694 €
Altre riserve	6.421.878 €	6.919.458 €	7.255.067 €	9.897.947 €	8.594.751 €

Totale debiti	**41.504.116€**	**40.043.458 €**	**36.296.650 €**	**40.308.218 €**	**41.132.628 €**
Debiti a breve termine	33.049.563 €	36.281.358 €	34.603.335 €	36.419.898 €	35.267.861 €
Debiti a lungo termine	8.454.553 €	3.762.100 €	1.693.315 €	3.888.320 €	5864.767 €
Totale Passività	**66.662.766 €**	**66.605.609 €**	**62.542.495 €**	**67.046.796 €**	**69886.469 €**

Conto Economico

	30/09/2015	30/09/2014	30/09/2013	30/09/2012	30/09/2011
	Conto Economico				
Valore della Produzione	106.391.336 €	110.523.288€	95.138.493 €	108.330.388 €	122.635.653 €
Costo della Produzione	106.405.001 €	110.779.256 €	95.490.478 €	110.176.596 €	120.655.913 €
Risultato Operativo	- 13.665 €	- 255.968 €	- 351.985 €	- 1.846. 208 €	1.979.740 €
Proventi e Oneri Finanziari	- 10.474 €	- 130.814 €	- 45. 323 €	- 198.288 €	- 144.244 €
Totale rettifiche finanziarie	- 611.411 €	0,00 €	429.543 €	- 429.543 €	0,00 €
Totale Proventi e oneri Straordinari	655.504 €	441.678 €	2.494 €	222.532€	730.942 €
Risultato prima delle imposte	19.954 €	54.896 €	34.729 €	- 2.251.507 €	2.596.438 €
Utile/perdita di esercizio	**- 624.165 €**	**- 497.580 €**	**- 335.609 €**	**- 2.642.880 €**	**1.303.196 €**

Facendo un'analisi del conto economico, si può notare che dall'esercizio 2012 l'azienda ha avuto un costo della produzione (costo per materie prime e servizi, salari, ammortamenti) superiore rispetto al valore della produzione; per questo risultano dei risultati operativi legati alla gestione caratteristica negativi. Confrontando i risultati operativi degli ultimi cinque esercizi, quello dell'esercizio chiuso al

30/09/2015, ha un valore negativo inferiore rispetto agli anni precedenti.

L'azienda ha avuto in tutti i cinque esercizi degli oneri finanziari che hanno inciso sul conto economico. Ci sono stati i tutti gli esercizi dei proventi generati dalla gestione straordinaria dell'azienda, che possono essere generate da plusvalenze legate a operazioni rilevanti.

Infine l'azienda per la maggior parte degli esercizi analizzati ha generato una perdita di esercizio.

I principali indici di Bilancio della Road SpA

I principali indici di Bilancio della Road SpA

	30/09/2015	30/09/2014	30/09/2013	30/09/2012	30/09/2011
EBITDA	1.921.091 €	1.550.315€	1.724.317€	-27.825€	4.268.259€
EBITDA/vendite (%)	1,83	1,45	1,71	- 0,03	3,74
Redditività delle vendite (ROS) (%)	- 0,01	- 0,24	- 0,35	- 1,67	1,73
Redditività del totale attivo (ROA) (%)	- 0,02	- 0,38	- 0,56	- 2,75	2,83
Reddittività del capitale proprio (ROE) (%)	-3,51	- 2,70	- 1,81	- 14,01	6,06
Debt/Equity ratio	0,66	0,33	0,22	0,32	0,47
Indice di liquidità	0,63	0,64	0,71	0,78	0,74
Rotaz. Cap. investito (volte)	1,51	1,55	1,57	1,61	1,60

Analizzando i principali indici di bilancio della Road SpA si possono avere molte informazioni sulla situazione economico-finanziaria dell'azienda.

L'EBITDA che è la differenza tra il valore della produzione e il costo della produzione escludendo da questo calcolo gli ammortamenti, risulta positivo.

Nell'esercizio 2015 c'è stato un aumento dell'indice EBITDA/vendite, questo indica che è presente un aumento della redditività lorda delle vendite e una diminuzione dell'incidenza dei costi operativi.

L'indice ROS che indica il risultato operativo medio per unità di ricavo, esprime la redditività in relazione alla capacità remunerativa del flusso dei ricavi. (109).

Questo indice è legato al risultato operativo indicato in conto economico, e si può notare che il ROS è negativo in correlazione al valore negativo del risultato operativo.

Il ROE, che esprime la redditività del capitale proprio, viene calcolato attraverso il rapporto tra reddito netto e capitale proprio. Il ROE della Road SpA è quasi per tutti gli esercizi analizzati negativo in quanto è stata generata per la maggior parte degli esercizi una perdita d'esercizio.

Il rapporto d'indebitamento finanziario rispetto al patrimonio netto è di un valore per tutti gli esercizi considerati non superiore a 1; questo indica che il patrimonio netto supera l'indebitamento che è presente in azienda ma in un'entità sostenibile.

L'indice di liquidità che esprime la capacità dell'azienda a far fronte agli impieghi a breve utilizzando le attività destinate a essere realizzate nel breve periodo. Questo indice ha un valore per tutti i cinque esercizi inferiore a 1, questo indica problemi di solvibilità nel breve periodo.

Infine, l'indice di rotazione del capitale investito, indica quante volte l'azienda è riuscita a trasformare il capitale investito nella forma liquida nel periodo di riferimento.

3.2. La politica di delocalizzazione e il *back-reshoring*

Il tema del *reshoring* è molto sentito nella Road SpA. Paolo Rossi (nome di fantasia inserito per motivi di *privacy*) il *factory manager* dell'azienda, specializzato nei processi interni, che fa parte della commissione *reshoring* in Emilia Romagna, ha concesso alla scrivente un appuntamento in cui ha rilasciato un'intervista volta a raccontare la sua esperienza sul tema del reshoring, derivante da 25 anni di carriera, sia all'interno della Road SpA, sia all'interno di altre aziende.

Nel seguito viene riportato il testo dell'intervista rilasciata dal Dott. Rossi composta da sette domande aperte, elaborate sulla base dei risultati ottenuti dall'analisi della letteratura proposta nei primi capitoli, le quali sono state somministrate durante il mese di novembre 2016.

1. Può illustrarci quando, per quali ragioni e attraverso quali canali l'azienda ha deciso di intraprendere il processo di delocalizzazione produttiva?

Il prodotto che noi costruiamo è molto complesso, ha circa cinque/sei mila *part number*, e non tutte le parti di questo prodotto vengono costruite all'interno dell'azienda, a prescindere dalla parte commerciale che viene acquisita interamente; molti manufatti vengono prodotti all'esterno. Quando si parla di esterno, intendo una delocalizzazione della produzione in Cina, Turchia, Repubblica Ceca. Uno dei *driver* principali che ci ha portato a compiere la delocalizzazione è quello di creare massa critica: il rapporto qualità-prezzo e il *cost country* sono fondamentali in un'ottica di riduzione di costo. C'è una forte richiesta da parte del mercato di una riduzione dei costi mantenendo allo stesso tempo un prodotto con elevate prestazioni.

Nel nostro settore, la competizione è molto alta, infatti abbiamo una concorrente che produce in media dieci volte quello che producono le altre aziende, circa 2000 macchine rispetto a quelle che produce la nostra azienda che sono circa 300; noi ci posizioniamo sul mercato in seconda posizione rispetto alla nostra principale concorrente.

Per avere un buon prodotto, con elevate prestazione e con un buon rapporto qualità/prezzo abbiamo compiuto delle scelte di non produrre interamente in sede anche in un'ottica di ridurre i costi; la scelta di *make or buy* è collegata alla riduzione dei costi mantenendo però la qualità del prodotto. Ci ha portato a compiere delle scelte diverse un forte efficientamento dei flussi interni, negli ultimi anni su questo abbiamo lavorato tantissimo specialmente con una metodologia re-production cioè di miglioramento continuo, in questo modo abbiamo ridotto in termini di costi e ricavi interni, efficientando i processi. Quindi non abbiamo comprato dei nuovi macchinari che ci consentivano di avere delle alte performance ma abbiamo agito sullo spreco e questo ci ha consentito di ridurre i nostri costi interni di manodopera, che nella nostra azienda sono alti in quanto produciamo tipi di macchine che hanno bisogno di un *man power*, e non possiamo introdurre una produzione con dei robot, perché richiede una forte precisione che al attualmente può offrire solo manodopera altamente qualificata. Quindi, l'efficientamento dei flussi viene racchiuso nella riduzione dei tempi di assemblaggio per avere una riduzione dei costi.

Indicativamente la delocalizzazione era già in atto quando io sono entrato a far parte dell'azienda all'inizio del 2008.

Nel corso di questi anni, sono cambiate le aree geografiche alle quali ci siamo rivolti. Nel 2008 una grossa fetta del prodotto proveniva dalla Romania; i nostri *supply* rumeni producevano molti pezzi legati alla carpenteria. In seguito la produzione è stata spostata in Cina, in Turchia, e attualmente c'è una forte delocalizzazione in Repubblica Ceca, in quanto in questo paese c'è una *concept* e una metodologia tedesca, e sono presenti delle competenze che ci consentono di avere un buon rapporto qualità-prezzo sui nostri prodotti rispetto ad altri paesi. In Cina ad esempio, parlo per mia esperienza, quando è affidata loro la produzione, emergono delle incongruenze sulla qualità: lo standard della qualità non è costante nel tempo; per questo ci sono stati diversi casi di *near reshoring* in aree vicino all'Italia da parte di altre aziende che conosco.

La nostra produzione delocalizzata avviene in aziende del nostro gruppo diffuse in tutto il mondo, adottando delle economie di scala, che è consuetudine in un gruppo di grandi dimensioni.

2. Con quali aspettative l'azienda ha deciso a suo tempo di intraprendere la delocalizzazione della produzione? Quali sono i vantaggi che pensava di poter ottenere attraverso questa strategia?

Il rapporto qualità/prezzo è sempre il *driver* principale delle nostre scelte. L'entusiasmo che scaturisce la delocalizzazione è sempre molto alto; il fine è quello di ridurre il costo del prodotto, che negli ultimi anni è una prerogativa di tutti i mercati, e quindi si cerca di abbassarlo e di rivolgersi a dei mercati che possono dare delle garanzie. Ci sono però delle motivazioni che frenano l'entusiasmo trasmesso dalla delocalizzazione, non sono solo motivi legati alla cattiva qualità, ma ci sono motivazioni legate a dei costi, io li definisco "costi nascosti", legati a inefficienze dovute a discontinuità di consegna, consegne parziali, dover rilavorare il lotto perché ha dei difetti, dover caricare sui costi generali un valore di magazzino più alto per recuperare il ritardo sulle consegne, definito *over stock*. Nell'attività di miglioramento continuo della quale ho parlato prima, questo è stato uno degli aspetti principali sul quale abbiamo lavorato che ci ha consentito di ridurre i costi.

3. Nel momento in cui la produzione è stata trasferita all'estero, quali difficoltà ha riscontrato nel paese estero e in patria?

Le difficoltà che abbiamo riscontrato all'interno sono a livello sindacale e per il calo del lavoro che molti reparti hanno subito con la delocalizzazione. Nel momento in cui abbiamo deciso di trasferire parte della produzione all'estero, è sorta l'esigenza di riorganizzare i reparti produttivi e questo ha generato del malcontento da parte del personale, abituato a svolgere una determinata mansione che dopo la delocalizzazione non ha più svolto. Una perdita che l'azienda subisce che si può definire anche un rischio interno, è quella legata alla filiera: con la delocalizzazione si ha una perdita del territorio e una perdita di *know-how*, che ha volte non viene considerato dal punto di vista economico, però ha un peso che è difficile da quantificare ma incide pesantemente anche sulle scelte di delocalizzazione e di reshoring. Le difficoltà riscontrate all'estero invece sono: cultura diversa, che per noi significa il non rispetto dei tempi o degli standard qualitativi; la difficoltà del linguaggio, in quanto non sempre i fornitori esteri parlano inglese, questo è un aspetto che molte volte viene trascurato ma è fonte di equivoci che possono recare dei danni anche sui prodotti; il non rispetto, specialmente da parte di fornitori cinesi degli standard qualitativi e tecnici del prodotto.

4. In che misura le aspettative che l'azienda sperava di conseguire con il processo di delocalizzazione sono state effettivamente conseguite ottenendo i risultati sperati? Se non è così perché?

Dal punto di vista economico, ognuno di questi processi è stato utile per fare *scounting* su altri mercati, nel quale abbiamo anche avuto un'esperienza negativa che però ci ha consentito di ampliare le nostre vedute e di rivedere anche delle valutazioni che erano state fatte forse in maniera superficiale. In qualsiasi caso io lo vedo sempre come un aspetto positivo, che ci ha portato un *know-how* anche dall'esperienza negativa.

5. Quanto è durato il periodo di delocalizzazione? Per quali motivi l'azienda ha deciso di attuare poi una strategia di rientro in patria e quali fasi del processo produttivo ha interessato?

La delocalizzazione è ancora in corso su determinati prodotti.

Ritornando all'efficientamento dei flussi interni, come dicevo prima, lavorando su questo, ci ha consentito di ridurre i costi interni, e di essere competitivi nella valutazione *make or buy*.

Abbiamo deciso di riportare in Italia un prodotto che ha un importante *Core business*, portando la macchina a lavorare su due turni che ci ha consentito di aumentare le ore dirette, le quali, se svolte in modo efficiente, ci consentono di abbassare la tariffa dei nostri prodotti. In questo caso il beneficio di avere minore stock comporta all'azienda di avere meno costi delle immobilizzazioni e una gestione di questi beni molto più semplice.

L'attività di rientro è iniziata circa 2 anni fa, questo ci ha consentito di decidere l'acquisto di una nuova macchina con elevati livelli di performance che ci consentirà di ri-localizzare altri prodotti che sono di *core business*. Avere una tecnologia all'avanguardia ci consentirà di avere una gamma più ampia di prodotti ed essere più competitivi sul mercato.

6. Tra le ragioni di ritorno in patria che sono state evidenziate da ricerche svolte sul back reshoring (pag. 74 del capitolo 2), può indicare quali sono quelle che sono state avvertite dalla vostra azienda, ordinandole in termini di priorità'?

Sicuramente hanno inciso in ordine di priorità i costi logistici, riduzione del gap di costo, il *delivery time*, ma non è da dimenticare la qualità del prodotto.

7. Quando pensate di riportare effettivamente la produzione in patria? E in che modo pensate di riuscire a ritornare in Italia e quali sono le difficoltà che vi attenderete di affrontare?

Come detto prima il processo di rientro è già in corso, sicuramente non saremo in grado di riportare totalmente la produzione in patria, però mi auguro di poter lavorare nei prossimi anni portando parte della produzione in patria affidandola a fornitori che fanno parte della nostra filiera produttiva. A mio parere bisogna portare all'interno della filiera le testimonianze di coloro che hanno già portato la produzione in patria, come la nostra azienda, per poter generare anche un entusiasmo positivo e fare da "apri fila" e dare l'esempio. Così facendo vengono incentivate le aziende che pensano di portare la produzione in patria ma non l'hanno ancora fatto.

3.3. La politica di delocalizzazione e di *back-reshoring* nella Road SpA: una questione di costi

Il progetto di reshoring che è stato implementato dall'azienda, ha preso in esame un prodotto *core*, ed è frutto di una scelta progettuale, quella di non perdere il *know-how* di processo e aumentare il volume di produzione.

Per attuare il piano strategico si è lavorato su una analisi di fattibilità e una pianificazione di attività durate circa due anni, con tecniche apprese dalle nostre competenze di Lean Six Sigma nel classico processo DMAIC (110) (Fig. 3.4).

Fig. 3.4 – Metodologia DMAIC. (Adattamento).

Il project work si è articolato nei seguenti step:

MISURAZIONE di:

- Costi di acquisto;
- know-how;
- attrezzature e processi;
- costi occulti;
- qualità reale e percepita;
- stock minimi;
- costi indiretti;

- nuovo costo del manufacturing interno con un aumento di produzione interna;

- ammortamento investimenti;

ANALISI

Dall'analisi sono emersi una serie di dati favorevoli all'attuazione dell'obiettivo per raggiungere il *pay back*. Importante in questa fase è stato l'utilizzo degli strumenti analitici per misurare la *capability* del processo. Il mezzo per raggiungere l'obiettivo è stato chiaro fin da subito, solo grazie ad un recupero di efficienza importante sarebbe stato possibile riallocare il prodotto in azienda, traducendo in Make le precedenti logiche Buy.

ACTION-IMPROVE – Miglioramento:

- progetto Lean - flusso teso;

- riduzione costi logistici;

- acquisto attrezzature specifiche per il centro di lavoro interno.

CONTROL – CONTROLLO:

- minor capitale immobilizzato;

- qualità sotto controllo e standardizzata;

- prodotti sempre aggiornati all'ultima revisione;

- minor costo della tariffa interna per l'aumento di volumi-ore dirette.

SAVING

L'azienda è passata da un'efficienza dell'88% al 96% con un abbassamento della tariffa da 100€ ora a 78€ ora. La maggior capacità in termini di affidabilità e ore disponibili è stata colta come un'opportunità declinata nella saturazione su tre turni di lavoro, rispetto ai due turni precedenti.

Il progetto pilota di reshoring ha permesso di riacquistare fiducia in termini di competenze, e competizione. Questo ha permesso alla Road SpA di guardare con maggiore fiducia ad un progetto più ambizioso, investire su un nuovo cdl (centro di lavoro) ancora più performante, ipotesi non percorribile con i volumi e costi precedenti.

Tra i benefici importanti: la diminuzione degli stock e costi correlati di magazzino. Il recupero di efficienza ottenuto grazie al progetto di miglioramento del centro di lavoro è stato ottenuto introducendo la manutenzione predittiva, attrezzature più performanti, sia software che hardware, formazione specifica degli operatori e team leader, attivazione del visual management.

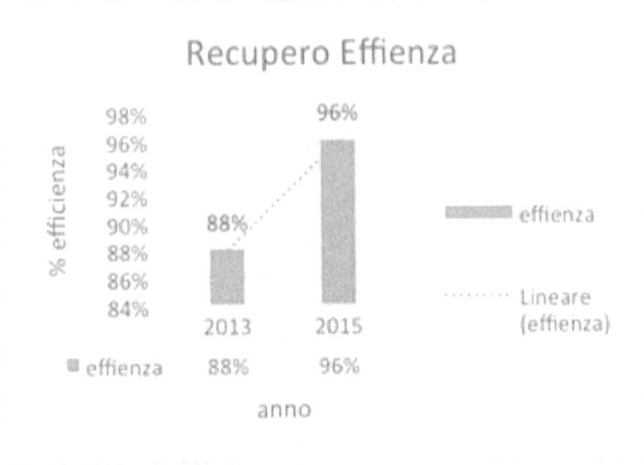

Fig. 3.5 – Recupero efficienza della Road SpA. (Adattamento).

Variazione BUY 2013>MAKE 2015 = - 112436€

costo orario cdl anno 2013 con efficienza 88%= 281.600€
Dopo progetto di lean production costo orario cdl anno 2015 con efficienza 96% = 239.616€
Variazione 2013>2015= - 41984€

Riduzione scorte stock 2013>2015 = – 73513€

Riduzione costi imputabili a modifiche tecniche su materiale a stock 2013>2015 = -11986€.

I Segreti svelati in questo capitolo

Dall'analisi che è stata presentata in riferimento al caso esaminato nel presente capitolo è stato possibile "toccare con mano" una realtà aziendale che ha affrontato, e che tutt'ora ha in corso, una politica di delocalizzazione produttiva, ma al contempo sta anche investendo nel riportare parte della produzione in Italia.

Durate l'incontro personalmente sono rimasta affascinata dall'entusiasmo del *manager* e su come crede fermamente nel ritornare ad investire nel proprio territorio, producendo in questo modo non solo un ritorno positivo per la sua azienda, ma anche per aiutare il proprio Paese a risollevarsi da una crisi economica che ha messo l'Italia a dura prova.

Come si può notare le aziende hanno negli anni precedenti delocalizzato per ottenere per lo più una riduzione dei costi, ma si è constatato negli anni che la qualità e il *know-how* che contraddistingue l'Italia e i paesi europei è difficile da replicare altrove.

La Road SpA è un esempio virtuoso di una Italia che vuole rinascere e ritornare ad essere competitiva, e mi auguro possa dare il buon esempio a tante altre imprese, a ritornare ad investire sul proprio territorio affidando alle PMI, che sono il cuore del nostro paese, la produzione che veniva svolta nei paesi asiatici.

CONCLUSIONI

Il presente libro ha esaminato due fenomeni che sono al centro della vita strategica, contabile ed economica delle aziende di gran parte dei settori produttivi dell'economia, specie negli ultimi decenni, benché in parte ancora non sufficientemente indagati dalla letteratura: la delocalizzazione e il *back-reshoring*.

Attraverso la delocalizzazione produttiva negli anni passati si è rincorsa una riduzione dei costi delle materie prime e soprattutto del personale, trasferendo la produzione in Paesi in cui la manodopera non è specializzata e ha un costo del personale inferiore rispetto ai paesi del vecchio continente. Le aziende nello scegliere tali politiche si sono affidate alle tradizionali procedure di calcolo del *make or buy* e della *break-even analysis* per comparare i costi fissi e quelli variabili come pure quelli rilevanti e non rilevanti emergenti nel caso in cui si ricorre a un processo di delocalizzazione o nel caso in cui la produzione venga effettuata internamente alle mura aziendali. Affidandosi a questi soli strumenti di analisi prettamente contabili è emerso che la delocalizzazione produttiva era realmente conveniente in termini di riduzione dei costi.

La delocalizzazione ha consentito alle aziende di poter usufruire di diversi vantaggi, come l'attuazione di un'integrazione verticale del processo produttivo, contrarre una *partnership* con ipotetici concorrenti e usufruire di determinate agevolazioni di carattere tributario e fiscale. La scelta di delocalizzare delle aziende, inoltre è stata motivata dalla volontà di migliorare il proprio posizionamento e vantaggio competitivo concentrandosi sul *core business* ed esternalizzando il resto; questo può avvenire con un miglior sfruttamento degli investimenti, innovazioni, con economie di scale e di apprendimento.

Un'analisi dei rapporti elaborati da UnionCamere e PWC ha fatto il punto sulle politiche di delocalizzazione poste in atto nei distretti tessili di Prato e Carpi per "toccare con mano" le varie realtà aziendali italiane e com'è stata affrontata la delocalizzazione della produzione da queste piccole e medie imprese.

Oltre ai vantaggi derivanti dalle politiche di delocalizzazione, nel tempo sono però emersi con evidenza le criticità e i rischi che sottendono tale strategia, tra cui primeggia quello della riduzione della qualità del prodotto e dell'immagine aziendale. Dopo anni di delocalizzazione della produzione, è emersa quindi la necessità di curare il prodotto e puntare a un vantaggio competitivo non attraverso l'abbassamento dei costi della materia prima e della manodopera, ma puntando sulla qualità del prodotto e la certificazione "*Made in Italy*". Attraverso la delocalizzazione si è persa di vista la celebrità di questo marchio che rende l'Italia famosa in tutto il mondo, pensando di più a ridurre dei costi che hanno comportato, a volte, il rischio di una perdita d'immagine aziendale.

Partendo da queste premesse, dal 2012 negli Stati Uniti è iniziato un percorso di ritorno in patria che ha interessato diverse grandi aziende che avevano in passato delocalizzato parzialmente o totalmente la propria produzione.

L'Italia, in base a degli studi condotti dal gruppo di ricerca *Uni-CLUB back reshoring*, è uno dei paesi europei in cui il fenomeno del *reshoring* si sta diffondendo più velocemente e in modo più rilevante, benché in Italia, al contrario degli Stati Uniti, non ci sia ancora una politica che disciplini il fenomeno del *reshoring*, e non siano dunque presenti delle agevolazioni di carattere fiscale per chi decide di ritornare a investire nel proprio paese.

Il motivo per cui le aziende italiane hanno i corso processi di *reshoring* è che nel bel Paese ci sono molti artigiani con un *know-how* tramandato negli anni, che nei Paesi a basso costo della manodopera non si trovano a discapito della qualità dei prodotti realizzati da aziende italiane che hanno delocalizzato. In più, i clienti delle aziende che producono beni di lusso tipicamente diffuse in Italia sono disposti a pagare un prezzo superiore a tali aziende ma solo se vi è la certezza che il bene sia interamente stato fabbricato in Italia. Inoltre, gli studi effettuati sul tema hanno mostrato che molte aziende di tutti i settori (non sono quelle manifatturiere) hanno deciso di ritornare in patria per motivi legati ai tempi di consegna incerti, costi del trasporto crescenti, incremento del costo di acquisto nelle forniture estere e una situazione sociale instabile nei Paesi in cui era stata spostata la produzione.

Concludendo, si può affermare che in passato le aziende hanno sempre cercato di abbattere i costi per poter avere un risultato d'esercizio superiore e trascurando la qualità del prodotto che sicuramente è anche una fonte di vantaggio competitivo che consente all'azienda di distinguersi sul mercato. Il contesto economico della crisi mondiale ha inciso sulle scelte strategiche delle imprese che hanno dovuto anche tagliare i costi, però in un paese come l'Italia, apprezzato per le competenze distintive dei propri artigiani è logico pensare a investire di nuovo sul proprio territorio per poter creare nuovi posti di lavoro, e far apprezzare a livello internazionale il proprio "*Made in Italy*". Con il *reshoring* le aziende hanno iniziato a fare un passo in avanti, sfoggiando i propri "punti di forza" offrendo anche un prodotto con qualità superiore rispetto al passato.

Adesso manca un aiuto da parte del governo centrale e delle

regioni, per consentire a tutte le aziende, che per necessità hanno dovuto portare all'estero la propria produzione, a ritornare in Italia e lavorare insieme affinché il paese possa un po' risollevarsi dalla crisi che sta vivendo. È importante credere e investire nel proprio territorio, in quanto in Italia ci sono tante qualità sulle quali poter investire come il turismo, le tradizioni millenarie e i mestieri che stanno scomparendo, l'enogastronomia, l'agricoltura. Investire su tutto questo sia da parte delle aziende sia del governo è già un punto di partenza per poter risollevare la situazione di crisi e ricominciare a credere nelle potenzialità del nostro paese.

In questo senso, desidero terminare citando una frase di Henry Ford: *"mettersi insieme è un inizio, rimanere insieme è un progresso, lavorare insieme un successo (112)"*.

Bibliografia

A.A.V.V. (giugno 2015). Studio PWC. Reshoring: keep calm and go back home. 7° Luxury Summit. Il vero lusso è il made in Italy.

A.A.V.V. (nd), Back to Italy. Lo status della filiera italiana: pronti alle nuove sfide?

A.A.V.V. (settembre 2015), Diplomazia Economica Italiana. Parola d'ordine Reshoring, rilocalizzare ora è un must.

AA.VV. (2010) Intesa San Paolo. Il distretto della maglieria e dell'abbigliamento di carpi.

Amighini A., Presbitero A., Richiardi M. (nd), Delocalizzazione produttiva e mix occupazionale.

Baldassarre F. Salomone S. Santovito S. Silvestri R. (2014), "Prospettive e criticità nella rilocalizzazione delle produzioni manifatturiere. Il back-shoring delle imprese tessili pugliesi", paper presentato al XXVI Convegno annuale sinergie, Manifattura: quale futuro?, Università di Cassino e del Lazio Meridionale, 13 e 14 novembre., 2014.

Baronchelli G. (2008), La delocalizzazione nei mercati internazionali. Dagli IDE all'offshoring, LEL - Edizioni Universitarie di Lettere Economia Diritto, Milano.

Cinquini L. (2013), Strumenti per l'analisi dei costi. Volume I. Fondamenti di cost accounting, Giappichelli, Torino.

Del Sordo C., Siboni B., Visani F. (2012), Strumenti per il controllo di gestione, Franco Angeli, Milano.

Farneti G. (1999), "Verso una nuova definizione di 'azienda' con quali conseguenze sull'Economia aziendale: prime riflessioni", Rirea, n. 7-8, pp. 346/360.

Farneti G. (2007), Economia d'azienda, Franco Angeli, Milano, Marchi L. (2014), Introduzione all'economia aziendale. Il sistema delle operazioni e le condizioni di equilibrio aziendale, Giappichelli, Torino.

Fratocchi L., Ancarani A., Barbieri P., Di Mauro C., Nassimbeni G., Sartor M., Vignoli M., Zanoni A. et al. (2014). "Il back-reshoring manifatturiero nei processi di internalizzazione: inquadramento teorico ed evidenze empiriche"., paper presentato al XXVI Convegno annuale sinergie, Manifattura: quale futuro? Università di Cassino e del Lazio Meridionale, 13 e 14 novembre., 2014.

Gardini S. (2010), Il bilancio consolidato secondo i principi contabili nazionali e internazionali, GiuffrÈ, Milano.

Il Giornale – Parietti Rodolfo (26 giugno 2014), le aziende fanno dietrofront: " addio Cina, è meglio l'Italia".

Il sole 24 ore – Magnani Marco (20 ottobre 2015), il reshoring manifattura, una questione di qualità.

Magazine Pambianco (20 novembre 2014), 19° convegno Back to Italy. Anno X – n°15.

Nanut V., Tracogna A., (2003). Processi di internalizzazione delle imprese: vecchi e nuovi paradigmi. Contenuto in sinergie n.60/2003.

Osservatorio Filas (nd), Delocalizzazione: perché le imprese puntano sull'estero?

Pastore P. Ricciardi A. (2010), Outsourcing Strategico. Tecniche di gestione, criticità, vantaggi competitivi. Franco Angeli. Milano.

Prota F., Viesti G. (luglio – settembre 2007), La delocalizzazione internazionale del made in Italy. Contenuto presso L'industia n.s., a.XXVIII, n.3.

Pwc.com (nd). Delocalisation in foreign countries. Strategic issues for Italian companies active in the Retail&Consumer sector.

Rapporto Unioncamere (2014). Imprese, comunità e creazione di valore. L'economia reale attraverso il contributo delle imprese familiari, della cooperazione e dell'imprenditoria sociale.

Ricci P., Siboni B., Nardo M.T. (2014), La rendicontazione di sostenibilità, Rirea, Roma.

Ricciardi A. (2000), L'Outsourcing Strategico. Modalità operative, tecniche di controllo ed effetti sugli squilibri di gestione. Franco Angeli. Milano.

Savi P. (nd), Il fenomeno del back-reshoring in Italia. Strategie delle grandi e opportunità per le piccole imprese.

Savioli G. (2012), Le operazioni di gestione straordinaria, Giuffre, Milano.

Scarpinato M. (nd), Il ditretto di Prato – il tessile italiano e la sfida della globalizzazione. Contenuto in: enciclopedia delle economie territoriali.

Siboni B. (2005), Introduzione allo studio di Storia della Ragioneria attraverso il pensiero e le opere dei suoi Maestri, Franco Angeli, Milano.

Tracogna A. (nd), Outsourcing strategico e imprese "virtuali". Vecchi e nuovi "terzismi" nel mercato globale. Contenuto in "Sinergie" n. 63/04.

Uni – CLUB More Back – reshoring Research Group e Assocalzaturifici (novembre 2014), indagine esplorativa sulle strategie di (ri-)localizzazione delle attività produttive nel settore calzaturiero italiano.

Ventricelli G. (2004), Outsourcing. Conviene davvero esternalizzare? Etas. Milano.

NOTE

1. Sulle caratteristiche sistemiche del sistema azienda e tra queste la necessità che per il suo buon funzionamento tutte le attività e le decisioni intraprese siano tra loro integrate, si vedano: Farneti G. (2007), *Economia d'azienda*, Franco Angeli, Milano, Marchi L. (2014), *Introduzione all'economia aziendale. Il sistema delle operazioni e le condizioni di equilibrio aziendale*, Giappichelli, Torino, Del Sordo C., Siboni B., Visani F. (2012), *Strumenti per il controllo di gestione*, Franco Angeli, Milano.

2. *Supply chain*, gestione della catena di distribuzione, che riguarda le attività logistiche delle aziende, si veda: Baronchelli G. (2008), *La delocalizzazione nei mercati internazionali. Dagli IDE all'offshoring*, LEL - Edizioni Universitarie di Lettere Economia Diritto, Milano.

3. Baronchelli G. (2008), *La delocalizzazione nei mercati internazionali. Dagli IDE all'offshoring*, LEL - Edizioni Universitarie di Lettere Economia Diritto, Milano.

4. Investimenti esteri: uno degli aspetti centrali del fenomeno di globalizzazione dell'economia mondiale, si veda: Baronchelli G. (2008), *La delocalizzazione nei mercati internazionali. Dagli IDE all'offshoring*, LEL - Edizioni Universitarie di Lettere Economia Diritto, Milano.

5. Per le definizioni dei contratti di Joint Venture si veda A.A.V.V. Wikipedia, l'enciclopedia libera, (2016), www.wikipedia.org.

Per la definizione della legge 129/2004 completa relativa all'accordo di franchising si veda A.A.V.V. Camera dei deputati (24 maggio 2004), www.camera.it.

6. Sulle motivazioni delle costituzioni dei gruppi e sulle loro forme si veda Gardini S. (2010), *Il bilancio consolidato secondo i principi contabili nazionali e internazionali*, GiuffrÈ, Milano. Sulle modalità di integrazione attuabili tramite operazioni straordinarie si veda: Savioli G. (2012), *Le operazioni di gestione straordinaria*, Giuffre, Milano.

7. Amighini A., Presbitero A., Richiardi M. (nd), *Delocalizzazione produttiva e mix occupazionale.*

8. Pastore P. Ricciardi A. (2010), *Outsourcing Strategico. Tecniche di gestione, criticità, vantaggi competitivi*, Franco Angeli, Milano.

9. Pastore P. Ricciardi A. (2010), *Outsourcing Strategico. Tecniche di gestione, criticità, vantaggi competitivi*, Franco Angeli, Milano.

10. Pastore P. Ricciardi A. (2010), *Outsourcing Strategico. Tecniche di gestione, criticità, vantaggi competitivi*, Franco Angeli, Milano.(pagg. 120-121).

11. Tracogna A. (nd), *Outsourcing strategico e imprese "virtuali". Vecchi e nuovi "terzismi" nel mercato globale*, Contenuto in "Sinergie" n. 63/04.

12. Ventricelli G. (2004), *Outsourcing. Conviene davvero esternalizzare?*, Etas. Milano.

13. Pastore P. Ricciardi A. (2010), *Outsourcing Strategico. Tecniche di gestione, criticità, vantaggi competitivi*, Franco Angeli, Milano..

14 .Diventa in questo modo più vantaggiosa la scelta "buy" di semilavorati e componenti da altre imprese e fornitori all'estero, rispetto alla scelta del del "make" all'interno dell'azienda stessa nel proprio paese. Sulle valutazioni di make or buy si veda Cinquini L. (2013),

Strumenti per l'analisi dei costi. Volume I. Fondamenti di cost accounting, Giappichelli, Torino.

15. Osservatorio Filas (nd), *Delocalizzazione: perché le imprese puntano sull'estero?*

16. Si identificano costi transazionali, quegli oneri che i partecipanti allo scambio devono sostenere per realizzarlo. Questi costi possono essere identificati nella ricerca della controparte, di contrattazione, ecc. Si veda: Tracogna A. (nd), *Outsourcing strategico e imprese "virtuali". Vecchi e nuovi "terzismi" nel mercato globale*, Contenuto in "Sinergie" n. 63/04. http://theitalianjournalofmanagement.it/rivista/index.php/sinergie/article/viewFile/13/13

17. Tracogna A. (nd), *Outsourcing strategico e imprese "virtuali". Vecchi e nuovi "terzismi" nel mercato globale*, Contenuto in "Sinergie" n. 63/04. http://theitalianjournalofmanagement.it/rivista/index.php/sinergie/article/viewFile/13/13

18 .Pastore P. Ricciardi A. (2010), *Outsourcing Strategico. Tecniche di gestione, criticità, vantaggi competitivi*, Franco Angeli, Milano.

19.Ricciardi A. (2000), *L'Outsourcing Strategico. Modalità operative, tecniche di controllo ed effetti sugli squilibri di gestione*, Franco Angeli, Milano.

20."Ogni azienda è un insieme di attività che vengono svolte per progettare, produrre, vendere, consegnare e assistere i suoi prodotti. Tutte queste attività si possono rappresentare utilizzando una catena del valore. La catena del valore di un'azienda e il modo in cui essa svolge le singole attività sono un riflesso della sua storia, della sua strategia, e del modo in cui la mette in pratica, delle specificità economiche che sottostanno alle attività stesse". Si veda: Porter, 1987, pag.47.

21.Cit. Pastore P. Ricciardi A. (2010), *Outsourcing Strategico. Tecniche di gestione, criticità, vantaggi competitivi*, Franco Angeli, Milano (pag.59). Sul tema delle competenze distintive si veda anche Simons R. (trad. it. a cura di F. Amigoni), *Sistemi di controllo e misure di performance*, Egea, Milano, 2004

22. Baronchelli G. (2008), *La delocalizzazione nei mercati internazionali. Dagli IDE all'offshoring*, LEL – 23. Edizioni Universitarie di Lettere Economia Diritto, Milano.

24.Citazioni: Baronchelli G. (2008), *La delocalizzazione nei mercati internazionali. Dagli IDE all'offshoring*, LEL - Edizioni Universitarie di Lettere Economia Diritto, Milano.(pag.50).

25. Cit. Pastore P. Ricciardi A. (2010), *Outsourcing Strategico. Tecniche di gestione, criticità, vantaggi competitivi*, Franco Angeli, Milano.(pag.59).

26. Reganati, 2003. Cit.

27. Sulle modalità di integrazione verticale e orizzontale, anche attraverso la costituzione di gruppi, si veda Gardini S. (2010), *Il bilancio consolidato secondo i principi contabili nazionali e internazionali*, GiuffrÈ, Milano. Sulle modalità di integrazione attuabili tramite operazioni straordinarie si veda: Savioli G. (2012), *Le operazioni di gestione straordinaria*, Giuffre, Milano.

28. Dunning 1993, 2000. Cit.

29. Si ricorda infatti sempre che la natura sistemica dell'azienda richiede che tutte le sue parti siano armonicamente integrate. Si veda: Marchi L., op. cit.

30. Pastore P. Ricciardi A. (2010), *Outsourcing Strategico. Tecniche di gestione, criticità, vantaggi competitivi*, Franco Angeli, Milano.

31. Pastore P. Ricciardi A. (2010), *Outsourcing Strategico. Tecniche di gestione, criticità, vantaggi competitivi*, Franco Angeli, Milano.

32. Pastore P. Ricciardi A. (2010), *Outsourcing Strategico. Tecniche di gestione, criticità, vantaggi competitivi*, Franco Angeli, Milano.

33. Pastore P. Ricciardi A. (2010), *Outsourcing Strategico. Tecniche di gestione, criticità, vantaggi competitivi*, Franco Angeli, Milano.

34. Pastore P. Ricciardi A. (2010), *Outsourcing Strategico. Tecniche di gestione, criticità, vantaggi competitivi*, Franco Angeli, Milano.

35. Citazione: Terzani (1998) pag.145.

36. Pastore P. Ricciardi A. (2010), *Outsourcing Strategico. Tecniche di gestione, criticità, vantaggi competitivi*, Franco Angeli, Milano.

37. Pastore P. Ricciardi A. (2010), *Outsourcing Strategico. Tecniche di gestione, criticità, vantaggi competitivi*, Franco Angeli, Milano.

38. Cinquini L. (2013), *Strumenti per l'analisi dei costi. Volume I. Fondamenti di cost accounting*, Giappichelli, Torino pagg. 193-196.

39. Cinquini L. (2013), *Strumenti per l'analisi dei costi. Volume I. Fondamenti di cost accounting*, Giappichelli, Torino pagg. 193-196.

40. Cit. Pastore P. Ricciardi A. (2010), *Outsourcing Strategico. Tecniche di gestione, criticità, vantaggi competitivi*, Franco Angeli, Milano.

41. Cit. Pastore P. Ricciardi A. (2010), *Outsourcing Strategico. Tecniche di gestione, criticità, vantaggi competitivi*, Franco Angeli, Milano. (pag. 245)

42. Pastore P. Ricciardi A. (2010), *Outsourcing Strategico. Tecniche di gestione, criticità, vantaggi competitivi*, Franco Angeli, Milano.

43. "La leva operativa esprime l'elasticità del risultato economico (operativo) al variare del volume di vendite rispetto ad un dato livello di attività; in altri termini è una misura di quanto è sensibile il reddito operativo alla variazione percentuale delle vendite". Cinquini L. (2013), *Strumenti per l'analisi dei costi. Volume I. Fondamenti di cost accounting*, Giappichelli, Torino. Per successivi approfondimenti si veda: Pastore P. Ricciardi A. (2010), *Outsourcing Strategico. Tecniche di gestione, criticità, vantaggi competitivi*, Franco Angeli, Milano.

44. Nanut V., Tracogna A., (2003). *Processi di internalizzazione delle imprese: vecchi e nuovi paradigmi*, Contenuto in sinergie n.60/2003.

45. Pwc.com (nd). *Delocalisation in foreign countries. Strategic issues for Italian companies active in the Retail&Consumer sector.*

46. Rapporto Unioncamere (2014). *Imprese, comunità e creazione di valore. L'economia reale attraverso il contributo delle imprese familiari, della cooperazione e dell'imprenditoria sociale*, https://www.cliclavoro.gov.it/Barometro-Del-Lavoro/Documents/Rapporto_annuale_Unioncamere_2014.pdf.

47. EFTA (*European Free Trade Association)*, associazione europea di libero scambio, fondata nel 1960 che stabilisce la liberalizzazione del commercio tra gli stati membri che sono rappresentati da: Islanda, Liechtenstein, Norvegia, Svizzera. Si veda: www.efta.int

48. Rapporto Unioncamere (2014). *Imprese, comunità e creazione di valore. L'economia reale attraverso il contributo delle imprese familiari, della cooperazione e dell'imprenditoria sociale*, https://www.cliclavoro.gov.it/Barometro-Del-Lavoro/Documents/Rapporto_annuale_Unioncamere_2014.pdf

49. Dato espresso dal rapporto sulla provincia di Prato di Unione Industriale Pratese. Si veda: http://www.ui.prato.it/unionedigitale/v2/areastudi/numeri-distretto-pratese.asp.

50. Scarpinato M. (nd), *Il ditretto di Prato – il tessile italiano e la sfida della globalizzazione. Contenuto in: enciclopedia delle economie territoriali*

http://www.fondazionefieramilano.it/static/upl/QF/QF.Distretti3.pdf.

51. Scarpinato M. (nd), Il distretto di Prato – *il tessile italiano e la sfida della globalizzazione. Contenuto in: enciclopedia delle economie territoriali*,

http://www.fondazionefieramilano.it/static/upl/QF/QF.Distretti3.pdf

52. AA.VV. (2010), *Intesa San Paolo. Il distretto della maglieria e dell'abbigliamento di Carpi*, http://www.group.intesasanpaolo.com/scriptIsir0/si09/contentData/view/content-ref?id=CNT-05-000000023FF4F.

53. AA.VV. (2010) *Intesa San Paolo. Il distretto della maglieria e dell'abbigliamento di carpi*, http://www.group.intesasanpaolo.com/scriptIsir0/si09/contentData/view/content-ref?id=CNT-05-000000023FF4F.

54. AA.VV. (2010) *Intesa San Paolo. Il distretto della maglieria e dell'abbigliamento di carpi*, http://www.group.intesasanpaolo.com/scriptIsir0/si09/contentData/view/content-ref?id=CNT-05-000000023FF4F.

55.Prota F., Viesti G. (luglio – settembre 2007), *La delocalizzazione internazionale del made in Italy*, in *L'industia n.s.*, a.XXVIII, n. 3.

56. Tracogna A. (nd), *Outsourcing strategico e imprese "virtuali". Vecchi e nuovi "terzismi" nel mercato globale,* http://theitalianjournalofmanagement.it/rivista/index.php/sinergie/article/viewFile/13/13.

57. Ricciardi A. (2000), *L'Outsourcing Strategico. Modalità operative, tecniche di controllo ed effetti sugli squilibri di gestione*, Franco Angeli, Milano.

58.Baldassarre F. Salomone S. Santovito S. Silvestri R. (2014), "*Prospettive e criticità nella rilocalizzazione delle produzioni manifatturiere. Il back-shoring delle imprese tessili pugliesi*", paper presentato al *XXVI Convegno annuale sinergie, Manifattura: quale futuro?*, Università di Cassino e del Lazio Meridionale, 13 e 14 novembre., 2014.

59. Citazione: Baldassarre F. Salomone S. Santovito S. Silvestri R. (2014), "*Prospettive e criticità nella rilocalizzazione delle produzioni manifatturiere. Il back-shoring delle imprese tessili pugliesi*", paper presentato al *XXVI Convegno annuale sinergie, Manifattura: quale futuro?*, Università di Cassino e del Lazio Meridionale, 13 e 14 novembre., 2014 pag.442.

60. Fratocchi L., Ancarani A., Barbieri P., Di Mauro C., Nassimbeni G., Sartor M., Vignoli M., Zanoni A. et al. (2014). "*Il back-reshoring manifatturiero nei processi di internalizzazione: inquadramento teorico ed evidenze empiriche*"., paper presentato al XXVI *Convegno annuale sinergie, Manifattura: quale futuro?* Università di Cassino e del Lazio Meridionale, 13 e 14 novembre., 2014.

61. Fratocchi L., Ancarani A., Barbieri P., Di Mauro C., Nassimbeni G., Sartor M., Vignoli M., Zanoni A. et al. (2014). "*Il back-reshoring manifatturiero nei processi di internalizzazione: inquadramento teorico ed evidenze empiriche*"., paper presentato al XXVI *Convegno annuale sinergie, Manifattura: quale futuro?* Università di Cassino e del Lazio Meridionale, 13 e 14 novembre., 2014.

62. Savi P. (nd), *Il fenomeno del back-reshoring in Italia. Strategie delle grandi e opportunità per le piccole imprese.*

63. UNCTAD, 2013 - Conferenza delle Nazioni Unite sul Commercio e lo Sviluppo (United Nations Conference on Trade and Development).

64. *Industrial Compact* è un piano di rilancio promosso dall'Unione Europea che prevede uno stanziamento di 100 miliardi di euro per portare al 20% il Pil prodotto dalla manifattura dell'Eurozona; i settori maggiormente interessati all'*Industrial Compact* sono quelli dell'acciaio, *automotive*, cantieristica navale, costruzioni, industria per la sicurezza e turismo. Si veda: http://europa.eu/rapid/press-release_IP-14-150_en.htm.

65. Baldassarre F. Salomone S. Santovito S. Silvestri R. (2014), "*Prospettive e criticità nella rilocalizzazione delle produzioni manifatturiere. Il back-shoring delle imprese tessili pugliesi*", paper presentato al *XXVI Convegno annuale*

sinergie, Manifattura: quale futuro?, Università di Cassino e del Lazio Meridionale, 13 e 14 novembre., 2014.

66. *European Manufacturing Survey*: Rete di istituti di ricerca e delle università europee in attualmente 15 paesi europei con l'esecuzione di ricerche sulla corrente tecnologica e organizzativa nel settore manifatturiero europeo. Si veda: http://www.isi.fraunhofer.de/isi-en/i/projekte/fems.php

67. Fratocchi L., Ancarani A., Barbieri P., Di Mauro C., Nassimbeni G., Sartor M., Vignoli M., Zanoni A. et al. (2014). "*Il back-reshoring manifatturiero nei processi di internalizzazione: inquadramento teorico ed evidenze empiriche*", paper presentato al XXVI *Convegno annuale sinergie, Manifattura: quale futuro?* Università di Cassino e del Lazio Meridionale, 13 e 14 novembre, 2014.

68. Baldassarre F. Salomone S. Santovito S. Silvestri R. (2014), "*Prospettive e criticità nella rilocalizzazione delle produzioni manifatturiere. Il back-shoring delle imprese tessili pugliesi*", paper presentato al *XXVI Convegno annuale sinergie, Manifattura: quale futuro?*, Università di Cassino e del Lazio Meridionale, 13 e 14 novembre., 2014

69. Fratocchi et al., 2013 e Holz (2009).

70. Baldassarre F. Salomone S. Santovito S. Silvestri R. (2014), "*Prospettive e criticità nella rilocalizzazione delle produzioni manifatturiere. Il back-shoring delle imprese tessili pugliesi*", paper presentato al *XXVI Convegno annuale sinergie, Manifattura: quale futuro?*, Università di Cassino e del Lazio Meridionale, 13 e 14 novembre., 2014.

71. Fratocchi *et al.* (2014)

72. Citazione di Fratocchi *et al.* (2014) si veda: Baldassarre F. Salomone S. Santovito S. Silvestri R. (2014), "*Prospettive e criticità nella rilocalizzazione delle produzioni manifatturiere. Il back-shoring delle imprese tessili pugliesi*", paper presentato al *XXVI Convegno annuale sinergie, Manifattura: quale futuro?*, Università di Cassino e del Lazio Meridionale, 13 e 14 novembre., 2014. pag 446.

73. Baldassarre F. Salomone S. Santovito S. Silvestri R. (2014), "*Prospettive e criticità nella rilocalizzazione delle produzioni manifatturiere. Il back-shoring delle imprese tessili pugliesi*", paper presentato al *XXVI Convegno annuale sinergie, Manifattura: quale futuro?*, Università di Cassino e del Lazio Meridionale, 13 e 14 novembre., 2014.

74. Ellram (2013) e Gray *et al.* (2013),

75. Fratocchi L., Ancarani A., Barbieri P., Di Mauro C., Nassimbeni G., Sartor M., Vignoli M., Zanoni A. et al. (2014). "*Il back-reshoring manifatturiero nei processi di internalizzazione: inquadramento teorico ed evidenze empiriche*"., paper presentato al XXVI *Convegno annuale sinergie, Manifattura: quale futuro?* Università di Cassino e del Lazio Meridionale, 13 e 14 novembre, 2014.

76.Esempi patici con nomi di fantasia sviluppati dall'autore.

77. Fratocchi L., Ancarani A., Barbieri P., Di Mauro C., Nassimbeni G., Sartor M., Vignoli M., Zanoni A. et al. (2014). "*Il back-reshoring manifatturiero nei processi di internalizzazione: inquadramento teorico ed evidenze empiriche*", paper presentato al XXVI *Convegno annuale sinergie, Manifattura: quale futuro?* Università di Cassino e del Lazio Meridionale, 13 e 14 novembre, 2014.

78. Citazione: Fratocchi L., Ancarani A., Barbieri P., Di Mauro C., Nassimbeni G., Sartor M., Vignoli M.,

Zanoni A. et al. (2014). "*Il back-reshoring manifatturiero nei processi di internalizzazione: inquadramento teorico ed evidenze empiriche*", paper presentato al XXVI *Convegno annuale sinergie, Manifattura: quale futuro?* Università di Cassino e del Lazio Meridionale, 13 e 14 novembre, 2014. (pag.429).

79.Fratocchi L., Ancarani A., Barbieri P., Di Mauro C., Nassimbeni G., Sartor M., Vignoli M., Zanoni A. et al. (2014). "*Il back-reshoring manifatturiero nei processi di internalizzazione: inquadramento teorico ed evidenze empiriche*", paper presentato al XXVI *Convegno annuale sinergie, Manifattura: quale futuro?* Università di Cassino e del Lazio Meridionale, 13 e 14 novembre, 2014.

80. Baldassarre F. Salomone S. Santovito S. Silvestri R. (2014), "*Prospettive e criticità nella rilocalizzazione delle produzioni manifatturiere. Il back-shoring delle imprese tessili pugliesi*", paper presentato al *XXVI Convegno annuale sinergie, Manifattura: quale futuro?*, Università di Cassino e del Lazio Meridionale, 13 e 14 novembre, 2014.

81. Baldassarre F. Salomone S. Santovito S. Silvestri R. (2014), "*Prospettive e criticità nella rilocalizzazione delle produzioni manifatturiere. Il back-shoring delle imprese tessili pugliesi*", paper presentato al *XXVI Convegno annuale sinergie, Manifattura: quale futuro?*, Università di Cassino e del Lazio Meridionale, 13 e 14 novembre, 2014.

82.Baldassarre F. Salomone S. Santovito S. Silvestri R. (2014), "*Prospettive e criticità nella rilocalizzazione delle produzioni manifatturiere. Il back-shoring delle imprese tessili pugliesi*", paper presentato al *XXVI Convegno annuale sinergie, Manifattura: quale futuro?*, Università di Cassino e del Lazio Meridionale, 13 e 14 novembre., 2014.

83. Farneti G. (1999), "Verso una nuova definizione di 'azienda' con quali conseguenze sull'Economia aziendale: prime riflessioni", *Rirea*, n. 7-8, pp. 346/360. Per ulteriori approfondimenti sulle definizioni di azienda si veda inoltre: Siboni B. (2005), *Introduzione allo studio di Storia della Ragioneria attraverso il pensiero e le opere dei suoi Maestri*, Franco Angeli, Milano.

84. Baldassarre F. Salomone S. Santovito S. Silvestri R. (2014), "*Prospettive e criticità nella rilocalizzazione delle produzioni manifatturiere. Il back-shoring delle imprese tessili pugliesi*", paper presentato al *XXVI Convegno annuale sinergie, Manifattura: quale futuro?*, Università di Cassino e del Lazio Meridionale, 13 e 14 novembre, 2014.

85. Fratocchi L., Ancarani A., Barbieri P., Di Mauro C., Nassimbeni G., Sartor M., Vignoli M., Zanoni A. et al. (2014). "*Il back-reshoring manifatturiero nei processi di internalizzazione: inquadramento teorico ed evidenze empiriche*"., paper presentato al XXVI *Convegno annuale sinergie, Manifattura: quale futuro?* Università di Cassino e del Lazio Meridionale, 13 e 14 novembre, 2014.(pag.429).

86. McDermott (2010). Engel e Procher (2010).

87. A.A.V.V. (settembre 2015), *Diplomazia Economica Italiana. Parola d'ordine Reshoring, rilocalizzare ora è un must.*

88. A.A.V.V. (settembre 2015), *Diplomazia Economica Italiana. Parola d'ordine Reshoring, rilocalizzare ora è un must.*

89. A.A.V.V. (settembre 2015), *Diplomazia Economica Italiana. Parola d'ordine Reshoring, rilocalizzare ora è un must.*

90. A.A.V.V. (settembre 2015), *Diplomazia Economica Italiana. Parola d'ordine Reshoring, rilocalizzare ora è un must.*

91. A.A.V.V. (settembre 2015), *Diplomazia Economica Italiana. Parola d'ordine Reshoring, rilocalizzare ora è un must.*

92. A.A.V.V. (settembre 2015), *Diplomazia Economica Italiana. Parola d'ordine Reshoring, rilocalizzare ora è un must.*

93. A.A.V.V. (giugno 2015). *Studio PwC. Reshoring: keep calm and go back home. 7° Luxury Summit. Il vero lusso è il made in Italy.*

94. Manufacturing Advisory Service (MAS) Barometer è il rapporto che raccoglie i risultati, opinioni e pareri sulla manifattura inglese. Per approfondimenti si veda: www. mbsportal.bl.uk.

95. A.A.V.V. (nd), Back to Italy. Lo status della filiera italiana: pronti alle nuove sfide?

96. Uni – CLUB More Back – reshoring Research Group e Assocalzaturifici (novembre 2014), *indagine esplorativa sulle strategie di (ri-)localizzazione delle attività produttive nel settore calzaturiero italiano.*

97. Per le aziende spagnole si veda: Martìnez – Mora & Merino, JPSM 2014.

98. Uni – CLUB More Back – reshoring Research Group e Assocalzaturifici (novembre 2014), *indagine esplorativa sulle strategie di (ri-)localizzazione delle attività produttive nel settore calzaturiero italiano.*

99.Magazine Pambianco (20 novembre 2014), 19° convegno Back to Italy. Anno X – n°15. http://www.pambianco.com

100. Magazine Pambianco (20 novembre 2014), 19° convegno Back to Italy. Anno X – n°15. http://www.pambianco.com

101. Citazione: magazine Pambianco (20 novembre 2014), 19° convegno Back to Italy. Anno X – n°15. www.pambianco.com

102.citazione: magazine Pambianco (20 novembre 2014), 19° convegno Back to Italy. Anno X – n°15. www.pambianco.com

103. Baldassarre F. Salomone S. Santovito S. Silvestri R. (2014), "*Prospettive e criticità nella rilocalizzazione delle produzioni manifatturiere. Il back-shoring delle imprese tessili pugliesi*", paper presentato al *XXVI Convegno annuale sinergie, Manifattura: quale futuro?*, Università di Cassino e del Lazio Meridionale, 13 e 14 novembre, 2014.

104. Savi P. (nd), Il fenomeno del back-reshoring in Italia. Strategie delle grandi e opportunità per le piccole imprese.

105. Baccarani C., (1991), "*Qualità e governo dell'impresa*", contenuto in "*Sinergie*", Quaderno, n.7

106. Golinelli C. M., Proietti L., Vagnani G., (2008), *L'azione di governo tra competitività e consonanza*, in Golinelli G.M., *L'approccio sistematico al governo dell'impresa. Verso la scientificazione dell'azione di governo*, Cedam, Padova.

107. Beccarani C., (2003), *Meditazioni di un tecnico industriale perplesso*, in Giaretta E., *Alle origini della tecnica industriale e commerciale. Uno sguardo al passato per contribuire al futuro*, Giappichelli, Torino.

108. Per approfondimenti si veda Ricci P., Siboni B., Nardo M.T. (2014), La rendicontazione di sostenibilità, Rirea, Roma.

109. Turnover si riferisce ai ricavi provenienti dalla vendita di bene e servizi prodotti da una società o gruppo di imprese in un determinato esercizio. Si veda: http://www.glossariodieconomia.com/fatturato/282.htm

110. Per approfondimenti sull'indice ROS si veda: https://it.wikipedia.org/wiki/Return_on_sales".

111. DMAIC, è una delle metodologie più note di Problem Solving che ha l'obiettivo di migliorare i processi esistenti all'interno di un'azienda. Si veda: http://www.humanwareonline.com/project-management/center/ciclo-dmaic-progetti-six-sigma/.

112. Citazione: http://aforismi.meglio.it/aforismi-di.htm?n=Henry+Ford

www.ingramcontent.com/pod-product-compliance
Lightning Source LLC
LaVergne TN
LVHW090402051026
849518LV00006B/2209
9788893051613